海外子会社管理の法実務

コンプライアンス体制構築の技法

井上 朗

International Standards of Compliance

商事法務

はしがき

1　本書の位置付け

　本書は、海外子会社を有する日本企業の経営企画、コンプライアンスや法務部等管理部門向けの実務書籍であり、海外子会社にて実現を期待されている経営管理やコンプライアンス（法令順守）の国際的な標準とその実現方法を解説するものである。このような解説書籍が日本社会で業務を遂行している皆様にとって必要な理由は明白だ。それは、海外子会社にて実現を要するコンプライアンスの水準について、日本法と海外法、とりわけ米国法とでは差異があること、この差異は、日本企業が海外子会社を有しつつ事業活動を展開する限りにおいて克服しなければならないからである。また、コロナ禍によるコミュニケーション方法の劇的な変化、対面による意思疎通が簡単にはできない事業環境下にあっても、海外子会社の経営管理やコンプライアンスの実現は、避けて通ることのできない経営課題であるためである。コロナ禍であることは、海外子会社の経営管理やコンプライアンスを実現できない理由にはならないであろう。対面による意思疎通ができないことによる弊害は少なくない。同一空間を共有できないという前提で管理対象となる海外子会社の担当者と信頼関係を構築する必要がある。これは一朝一夕にできることではない。では、どのようにして、海外子会社の経営管理とコンプライアンスを実現していけばよいのだろうか。本書はこのような問題意識に応えるものだ。

2　本書の目的

　本書の目的は、海外子会社の経営管理やコンプライアンスの水準について、日本法と海外法との差異を解説すること、その解消手段を解説すること、これを解消せずに放置した場合に日本企業が払うこととなる代償を明確にすることにある。副次的な目的としては、標準的な経営管理契約（parent-subsidiary management service agreement）について紹介・解説することにある。経営管理契約は、海外子会社の経営管理の手段として、海外では一般的に用いられているものの、日本企業による海外子会社の経営管理の前提は性

善説であり、契約的な権利・義務がなくても、海外子会社の経営管理は十二分に実現できるというものであるため、ほとんど用いられていない。読者の皆様も、このような契約があることは聞いたことがあるものの、英文契約のひな型を見たことがある方はほとんどいないのではなかろうか。他方で、買収を通じて海外対象会社を子会社化したような場合には、性善説を前提とした子会社管理は機能しない。性悪説を前提とした契約的枠組みが必須不可欠である。このような場合に海外で標準的に用いられる経営管理契約を紹介する。

3　本書の構成

まず、本書は、海外子会社に対する経営管理及びコンプライアンス・プログラムの運用を実現する手段として、標準的な経営管理契約を紹介する。買収を通じて海外対象会社を子会社化した場合を念頭に、海外法を準拠法とした英文契約を題材として、個々の条項の法的な位置付けについて解説を加える。このような状況が最も難易度が高いと思われるためである。実際、被管理対象となる海外子会社の担当者との間に信頼関係を構築することが最も困難であるのもこの類型である。本書は、そのような実情を前提としつつ、契約的な枠組みを通じて、海外子会社の経営管理及びコンプライアンスの実現に支障を生じさせないための仕組みを紹介するものである。

次に、本書は、海外子会社に対する経営管理及びコンプライアンス・プログラムの運用を実現する前提環境について解説を加える。前提環境の中でも最も重要なのは、被管理対象となる海外子会社の経営及びコンプライアンスに関する一連の情報が、確実に親会社である日本企業に伝達される仕組みを作ることである。他方で、情報連携は、反トラスト法・競争法を含む海外法に抵触する可能性を生じさせるし、日本法には存在しない弁護士依頼者間秘匿特権を確実に確保する枠組みを構築しなければ、情報連携はままならない。とりわけ、弁護士依頼者間秘匿特権は、日本法に存在しない概念でもあり、また、どのような局面で、これが失われてしまうことになるのか、日本企業の担当者には想像が容易ではないため（日本法に存在しない概念であるため、やむを得ないのであるが）、海外子会社の法務担当者や社外弁護士との共通理解を形成することが困難な法的問題である。本書では、日本企業にて誤解しがちな論点について解説するとともに、海外子会社と親会社間にて弁護

士の助言を共有するための手段についても紹介をしている。

　更に、海外子会社におけるコンプライアンス・プログラムの国際標準として、米国連邦政府が掲げる実効性のあるコンプライアンス及び倫理プログラムの各要素とこのような国際標準を実現しなかった場合に払うべき代償について、米国法を前提として解説を加える。米国連邦政府が求める実効性のあるコンプライアンス及び倫理プログラムの水準については、弊職の弁護士人生を通じて理解を深め、また、司法取引の過程で、連邦検察官からの指摘を踏まえて試行錯誤をしながら、日本企業の皆様にお伝えしてきたものである。米国連邦政府との司法取引に関わる情報は、弊職が初めて司法取引に関与してから 20 年以上経過しても、ほとんどネットで見かけることはない。また、実効性のあるコンプライアンス及び倫理プログラムに対する連邦政府の考え方についても、ネット上で、日本語で見かけることはない。本書は、弊職が皆様に従前伝えてきた内容を体系的に整理して解説するものである。

4　本書の使い方

　本書の位置付け、目的及び構成は以上のようなものであるが、読者の必要に応じて、必要な箇所を参照していただく使い方で十二分である。なお、本書では、ネットで簡単に入手できる情報についての解説は極力省き、ネットでは入手できない情報の解説に貴重な紙面を割いた。そのため、読者によっては、本書で用いられている基礎概念について、更なる解説が必要であると感じる方もいるかもしれない。そのような場合には、是非、躊躇なく、ネットで、基礎概念をお調べいただきたい。本書は、皆様に価値のある情報を届ける法律書籍はどのようなものであるべきかという問題意識から、本書のみで基礎概念の全てを解説し尽くす伝統的な法律書籍ではなく、ネットでは入手ができない価値のある情報を届ける書籍として世に送り出した。基礎概念の解説が不十分・舌足らず、不親切と感じることがあれば、それは、ネット全盛時代に読者に対価を払って求めていただく法律書籍を目指したがためである。このような本書のあり方に読者の理解と賛同が得られればと考えている。

　なお、株式会社商事法務の澁谷禎之氏及び経営法友会の水石曜一郎氏には、本書執筆のきっかけを与えていただき、企画・執筆段階から編集構成に至るまで貴重な助言を多数頂戴した。経済のグローバル化とコロナ禍による

　移動制限という特異な経営環境の中で経営課題に取り組む日本企業にとって、本書の内容は、課題解決のヒントになるだろうとは思いつつ、書籍離れが急速に進み、書籍を通じて、ノウハウを伝えるという文化自体が岐路に立ちつつある状況にて書籍を出版することには、想像を絶するご苦労がおありであったであろうと思われる。弊職の職場の若手弁護士も、法律知識はネットで入手し、対価を払って貴重な文献を購入してこれを咀嚼するという執務をするものがめっきり少なくなった。弊職の事務所の現状を前提とするに、価値ある知識を書籍を通じて日本社会に伝えることが、社会に求められていることかどうかについて、弊職には大きな躊躇があった。そのような弊職の背中を押してくれたのは、水石氏であり、澁谷氏であった。本書完成に至るまでの両氏のご尽力に心から深謝申し上げる。

　また、弊職の家族にも、本書を通じて感謝を伝えたい。書籍を執筆する際の弊職のいつものスタイルではあるが、本書執筆に際しても、早朝執務の開始前の時間帯と週末の時間を、資料の収集・分析と執筆にあて、その結果、家族との時間を犠牲にした。本書の執筆を通じて、ネットでは手に入らない価値ある知識を日本社会に伝えたいという弊職の思いを理解してくれた家族の寛容さがなければ、本書が世に出ることはなかったであろう。しかも、コロナ禍以降、弊職は一貫して執務に忙殺される日々であり、本来家族と過ごすべき時間の多くを執務にあててきた中で、本書の執筆で、更に家族との時間を犠牲にしたのであって、堪忍袋の緒が切れても不思議ではなかった。我慢を強いた代償は利子付で返済するとともに、日本社会の役に立ち続けるのが弊職の弁護士人生であることに理解を示してくれたことに心から深謝している。

　　2022 年 9 月　ロサンゼルスにて

弁護士　井上　朗

目　　次

第3章
海外子会社に対する実効的
コンプライアンス・プログラムのための環境整備

第1章

海外子会社に対する実効的
コンプライアンス・プログラムの必要性

1 問題の所在

(1) 海外進出と海外子会社コンプライアンス

　近年、経済のグローバル化に伴い、海外進出する日本企業が増えてきている。

　その中で、各社が必ず直面する課題が、海外子会社におけるコンプライアンスをいかに実現するのか、どのような体制を構築するのが効果的かという点である。

　海外子会社では適用される法制度、ビジネスの進め方や商慣行等、日本とは異なる環境下にてビジネスを進めざるを得ず、事業を進める上で直面するコンプライアンス上の問題も多種多様である。日本法において同種の規制が存在する場合でも、日本と海外とで、執行の厳格さが異なることもある。現地における執行環境を前提に、海外子会社のコンプライアンスを徹底する必要がある。他方で、ビジネス慣行については、現地のビジネス慣行の全てを尊重することもできない。特に新興国においては、先進国の水準に照らすと問題のある商慣習が残っていることもあり、海外子会社の業務遂行を尊重しすぎると、グループ全体に深刻な影響を生じさせることもある。海外子会社が所在する現地の法規制を遵守しつつ、国際標準とされるコンプライアンス体制を整備する必要がある。海外子会社が現地企業との合弁会社の場合には、合弁の相手方のコンプライアンスに対する意識の高さにより、合弁会社におけるコンプライアンス・プログラムの効果的な運用が左右される。合弁前のデューデリジェンスや交渉の過程で、国際標準となるコンプライアンス・プログラムを導入する必要性について指摘し、合弁契約に反映させる必要がある。また、海外子会社に親会社から多数の役職員を出向させることは

事実上困難であり、現地採用者を役員や重要な管理職のポストに就任させた上で事業を運営することとなるが、親会社との間で情報共有体制を構築する必要がある。現地採用者と親会社から派遣した役職員との間の連携からはじめる必要があるが、言語や文化の壁もあり、かつ、コンプライアンス・プログラムの運営に関係する重要情報の共有に際しては、弁護士依頼者間秘匿特権の適用を確保する体制構築も欠かせない。さらには、現地採用者と親会社のコンプライアンス担当者及び法務担当者との情報連携も欠かせないが、親会社から派遣した役職員とのコミュニケーション以上に難易度が高い。言語及び文化の壁に加えて、時差が加わり、かつ、共通の職場にて執務をしているという共通基盤もなく、人間関係の構築自体が容易ではないためである。このような障害から、コンプライアンス・プログラムの運営が上手くいかず、不正行為の発見が遅れ、グループ全体に深刻な影響を及ぼすこともある。

⑵　近時特有の課題
①　コロナ禍と海外子会社コンプライアンス

　海外子会社におけるコンプライアンスの実現と効果的な体制構築という課題解決は、コロナ禍にて、さらに重要性を増した。

　2020 年から世界中で猛威を振るい続けている新型コロナの感染により、親会社のみならず海外子会社でも、リモートワーク中心の執務形態となり、職場での人間関係が希薄化している。これは、必然的に、職場に対するロイヤリティの低下を招く。また、リモートワークにより、職場での目視による管理監督もなくなる。本社のコンプライアンス担当者や法務部員が来訪し、監査を実施することもない。このような執務環境は不正行為を誘発しやすい。また、対面でのトレーニングの機会も皆無であり、トレーニングはオンラインのみである。現地採用者と親会社のコンプライアンス担当者及び法務担当者との連携も全てオンラインであり、信頼関係の構築にも支障が生じ、不正行為の兆候に関する情報共有にも支障が生じやすい。そもそも、海外子会社におけるコンプライアンス・プログラムの運用上最も避けなければならないのは、コンプライアンス・プログラムの運用が海外子会社任せとなり、親会社からは現地の状況がわからず、海外子会社がブラックボックスとなり、独立王国化する事態である。コロナ禍によるオンライン中心の連携は、

このような状況を生みやすく、コンプライアンス・プログラムの効果的な運営にも支障を生じがちである。コロナ環境は、不正行為が生じやすい前提条件が揃っているといえる。

②　海外子会社における不正行為事例

　コロナ禍にて公表された海外子会社における不正事例は、いずれも、海外子会社におけるコンプライアンス実現には課題が少なくないことを浮き彫りにした。

　その代表例は、ワン・マレーシア開発公社（「1MDB」）を舞台とした米投資銀行大手ゴールドマン・サックス（「GS」）のマレーシア法人による米国連邦海外腐敗行為防止法（「FCPA」）違反事件（「GS事件」）であろう。GSは、米国司法省との間で、2020年10月22日、起訴猶予合意（Deferred Prosecution Agreement）を締結し、29億150万8000ドルの罰金及び6億600万ドルの不正利益の返還に同意した[1]。GS本社では、厳格なコンプライアンス・プログラムを策定して運用していたが、GSマレーシア法人を舞台としたFCPA違反行為を抑止することはできなかったのである。GS事件では、GSのティム・ライスナー（Tim Leissner）前東南アジア地区会長（former Southeast Asia Chairman and participating managing director）が、GSマレーシア法人にて、贈賄工作に依拠した不正な資金調達スキームを主導的に進めた。ティム・ライスナー氏に対して賄賂工作を提案した中国系マレーシア人投資家については、当時のGSの地域コンプライアンス責任者がその資金源に不審を抱き、複数回にわたり顧客登録を拒絶している。しかしながら、ティム・ライスナー氏は、中国系マレーシア人投資家が提案した賄賂工作について秘匿したままGS本社の承認を取得した。その結果、3回に渡って実施された債券発行でGSは5億6700万ドルという巨額の手数料収入を取得した。他方、GS本社が運用していた厳格なコンプライアンス・プログラムは、ティム・ライスナー氏が主導した不正行為を抑止することはできなかったのである。GS事件では、GSマレーシア法人に留まらず、GS本社が起訴猶予合意を締結している。親会社の傘下にある海外子会社における不正行為は、

---

1) Department of Justice, Goldman Sachs Charged in Foreign Bribery Case and Agrees to Pay Over $2.9 Billion（October 22, 2020）.

当該子会社だけの問題にとどまらず親会社を含めた企業グループ全体の問題となることを明らかにした。

　また、天馬株式会社（「天馬」）のベトナム所在の子会社である天馬ベトナムによる外国公務員贈賄事件も、海外子会社におけるコンプライアンス実現には課題が少なくない現状を示した事例であろう。天馬は、2020 年 5 月 11 日、天馬ベトナムが、2017 年及び 2019 年、現地の税務当局に対して合計約 2500 万円相当の現金を提供したとして、東京地方検察庁に自主申告している（「天馬事件」）。天馬事件では、天馬の社長及び経営企画部長も、2017 年のベトナム税務当局に対する賄賂の提供を了承していた。2019 年の賄賂提供については、ベトナム税務当局に対する賄賂提供の事実を知った後、天馬の取締役 6 名は、全員一致で事後了承し、監査等委員に対して事実上隠蔽することとした。しかも、社長及び常務容認のもとでコンサルティング契約の締結を進めたが、これは、既に支払った賄賂をコンサルタント料として経理処理するための偽装工作であった。天馬事件は、本社の経営陣が一体となって違法行為を進めた事案であり、海外子会社のコンプライアンス・プログラムの効果的な運用以前の問題として、本社においてコンプライアンス・プログラムが全く機能していない事案であった。

　GS 事件及び天馬事件は、海外子会社における不正行為がグループ全体の財務諸表に深刻な影響を与えかねないこと、及び海外子会社でのコンプライアンスを実現して不正行為の発生を抑止することが重要な経営課題であることを示している。

⑶　小括

　このように、海外子会社におけるコンプライアンスをいかに実現するのか、どのような体制を構築するのが効果的かという課題解決に向けた最適解を求めるべき経営上の必要性は高くなってきている。他方、法的観点から見た課題解決の必要性はどうであろうか。以下に概観する。

2　法的要請

⑴　会社法上の要請

　株式会社の業務執行は取締役等により行われるため、子会社における業務

遂行に際してコンプライアンスを実現するには、子会社の取締役等の業務執行に際して法令順守を徹底する必要があり、会社の業務執行が取締役等の指揮監督の下に使用人を通じて実行されることから、子会社の使用人の職務執行が法令を遵守したものである必要がある。そこで、株式会社は、子会社の取締役及び使用人の職務執行が法令及び定款に適合することを確保するための体制整備を決議することとされている（会社法施行規則98条1項5号、100条1項5号、110条の4第2項5号、112条2項5号の各ニ）。当該体制に関し、親会社が決定すべき事項の例としては、子会社における業務の適正確保のための議決権行使の方針、兼任者・派遣者等の子会社における職務執行の適正確保のための体制、子会社に対する架空取引の指示など子会社に対する不当な圧力を防止するための体制などが挙げられ、また、子会社が決定すべき事項の例としては、親会社の計算書類又は連結計算書類の粉飾に利用されるリスクに対する対応、取引の強要等親会社に対する不当な圧力に対する予防及び対応方法等が挙げられる[2]。実際には、子会社の業務をリスク管理の観点から分析・評価し、法令違反が生じやすい行為を特定した上で、このような違反行為が発生しないようにするための体制整備を決議する必要があろう。なお、体制整備の具体的な水準は当然日本法を前提としたものが大前提となるが、海外で事業を遂行する日本企業としては国際水準も念頭に置く必要があろう。本書では、国際水準とされる米国連邦政府が求める水準について解説するものである。

(2) 善管注意義務の観点からの要請

会社法上、親会社の役員には、子会社のコンプライアンス・プログラムを整備し、法令順守を徹底すべき善管注意義務はあるのだろうか。さらにいえば、子会社にて不正行為が発生した場合に、親会社の役員には善管注意義務違反が成立するのだろうか。

子会社にて発生した不正行為に対して親会社の役員の責任が追及された事例は多くはなく、かつ、親会社役員の責任を限定的にとらえる裁判例も存在する（東京地判平成13年1月25日判時1760号44頁）。他方で、近年の事例で

---

2) 相澤哲＝葉玉匡美＝郡谷大輔編著『論点解説　新・会社法　──千問の道標』（商事法務、2006年）338頁。

は、親会社取締役による子会社監視義務の有無も争点とされ、かつ、子会社の取締役・監査役を兼務していた親会社取締役に対する善管注意義務違反が認定されるに至っている（福岡高判平成 24 年 4 月 13 日金判 1399 号 24 頁）。将来的には、親会社の取締役に対して子会社のコンプライアンス・プログラムを整備して不正行為を抑止すべき法的責任が正面から認定される可能性は高くなってきているといえる。地理的にも遠く、時差もあり、法制度も異なる異国の地にあるといった理由で、海外子会社におけるコンプライアンス・プログラムの運用に関与せず、合理的な理由もなく放置する場合には、親会社の取締役として任務懈怠責任を負う可能性があると考えるべきであろう。

第2章

海外子会社に対して実効的
コンプライアンス・プログラムを求める根拠

1 問題の所在

　海外子会社に対して実効的コンプライアンス・プログラムを導入して体制を整備する経営上及び法的必要性があるとして、海外子会社に対して、効率的にこれを導入して、運用していくにはどうすればよいのだろうか。そもそも、親会社として、海外子会社に対して、実効的コンプライアンス・プログラムの導入や運用への協力を依頼する法的理由は何か。

　まず、法的な理由の有無にかかわらず、海外子会社の自主的な協力を期待できる場合であれば、実効的コンプライアンス・プログラムの導入にも、運用にも支障はない。海外子会社の好意に期待する、性善説的な、伝統的な日本企業の発想で万事が上手くいくのであれば、法的理由は必要ない。実際、実効的コンプライアンス・プログラムの導入や運用は、海外子会社の利益でもあり、海外子会社の自主的な協力に期待する理由はある。しかし、実際には、現地において標準とされるコンプライアンス・プログラムの完成度には地域差があるし、コンプランス・プログラムの導入は、労力に対する対価が数値化しにくいという難点があり、海外子会社の理解が得られない場合も少なくない。本書で紹介する国際標準としての実効的コンプライアンス・プログラムは、米国連邦政府の公表内容を前提としており、海外子会社の所在地が米国や欧州であれば、必要性に対する理解を得るのに苦労はないだろうが、他方、海外子会社の所在地域が、いわゆる先進国以外の地域の場合には、親会社から海外子会社に派遣している取締役にて現地採用の取締役に、実効的コンプライアンス・プログラムの導入が海外子会社の利益であることを理解させることにも困難を伴うことが予想される。また、親会社と海外子会社の資本関係によっても、実効的コンプライアンス・プログラムの導入や

運用に伴う困難には差異があろう。海外子会社が少数出資先の場合には、コンプライアンス・プログラムの運用のために必要な情報を、海外子会社から容易に取得すらできない事態も予想される。そのため、海外子会社に対して、実効的コンプライアンス・プログラムの導入及び運用を求める法的理由は整理しておきたいところである。

　この点、日本法及び海外法、いずれを見渡してみても、親会社から、海外子会社に対して、実効的コンプライアンス・プログラムの導入や運用への協力を依頼する法的根拠はない。よって、法的根拠は、親会社及び海外子会社との間で締結する契約に求めざるを得ない。この契約に該当するのが、実務で良く用いられている経営管理契約（parent-subsidiary management service agreement）である。

　以下、海外子会社に対する出資形態ごとに経営管理契約の必要性を分析し、標準的な経営管理契約を紹介する。

2　法的枠組みの必要性

⑴　100％子会社

　親会社が海外子会社の株式を100％保有している場合には、親会社と当該子会社の利益は完全に一致する[1]。両者間に紛争が発生し、法的手続に発展するような場合に初めて利害関係の不一致が認められる[2]。子会社の取引先・従業員などの第三者の利益を侵害しない限り、親子の間で利害関係が対立することもない[3]。利益相反取引・競業取引といった問題も生じないことから、個人情報など法規制がある場合や第三者との間で守秘義務を負っている場合を除き、コンプライアンス・プログラムを運用するための情報共有に支障が生じることも、多くはないと思われる。また、米国法[4]や欧州法[5]の

---

1)　*See* United States v. AT&T, 86 F.R.D. 603, 616-17（D.D.C. 1979）；Duplan Corp. v. Deering Milliken, Inc., 397 F. Supp. 1146, 1184-85（D.S.C. 1975）；Glidden Co. v. Jandernoa, 173 F.R.D. 459（W.D. Mich. 1997）.

2)　In re Teleglobe Commc'ns Corp., 493 F.3d 345, 366, 373（3d Cir. 2007）.

3)　Copperweld Corp. v. Independence Tube Corp., 467 U.S. 752, 753（1984）.

4)　Id.

5)　Case C-97/08 P, Akzo Nobel NV and Others v Commission, 2008/C 128/38.

場合、100％子会社にて生じた不正行為に対して親会社に法的な責任が生じることも少なくない。米国法の場合、100％子会社のコンプランス体制に不備がある場合には、親会社役員の法的責任も生じうるのであり[6]、また、100％子会社を含めたリスク状況を分析すべき立場にあり[7]、親会社役員の善管注意義務の問題として、子会社のコンプランス・プログラムを整備すべき必要性が高い。他方、子会社としても、親会社と協力の上、コンプライアンス・プログラムを導入及び運用することが利益であり、コンプライアンス・プログラムの導入及び運用において、子会社は親会社に積極的に協力すべき立場にある。親会社としては子会社からの自主的な協力を期待する理由があるといえる。

　しかし、同じく100％子会社であっても、親会社の事業部門がスピンアウトして設立された子会社と親会社が他の企業を買収して子会社化した場合とでは、コンプライアンス・プログラムの導入及び運用の円滑さに差異があろう。親会社の事業部門を切り離して子会社化した場合には、同じ企業文化で育ってきた会社であり、社内文化も同一であり、子会社の役職員のポストが親会社の人事ローテーションに組み込まれていることも多い。この場合、親会社から派遣された子会社の役職員とのコミュニケーションを通じて、コンプライアンス・プログラムの導入及び運用の必要性を共有することも十分に期待できよう。他方、他の会社を買収して子会社化した場合には、子会社の経営トップや重要な管理職のポストなどを親会社から派遣することはあっても、日常的な事業を担うのは、企業文化や使用言語も全く異なる現地採用の役職員であり、信頼関係を構築していくには、時間と労力は必要であろう。

---

6)　In re Caremark International Inc. Derivative Litigation, 698 A.2d 959 (Del. Ch. 1996). 同事件は、親会社におけるコンプライアンス・プログラムの不備について、親会社の取締役会の善管注意義務違反を認定した事件であるが、同事件の判示を前提に、実務では、100％子会社についてもコンプライアンス・プログラムの整備及び運用義務があると解する見解も少なくない（例えば、2019年4月12日の筆者と米国司法省刑事局詐欺課所属の連邦検察官の議論等）。

7)　Stone v. Ritter, 911 A.2d 362 (Del. 2006). 同事件は、親会社において不正行為の兆候を把握しながら適切な開示を怠ったことについて民事課徴金の支払いをせざるを得なかったことに対して、親会社の取締役の善管注意義務違反が認定された事案であるが、実務では、100％子会社についても、不正の兆候を把握すべき積極的な調査義務があるとする見解が少なくない（例えば、2019年4月12日の筆者と米国司法省刑事局詐欺課所属の連邦検察官の議論等）。

このような場合には、法的な枠組みを前提としつつ、子会社側の義務として
コンプライアンス・プログラムの導入及び運用を進めつつ、時間をかけて人
的な信頼関係を構築し、法的な枠組みがなくても支障がなく、子会社側の自
主的な協力を十分に期待できる状態にまで持って行くことが現実的な対応で
あろう。

(2)　実質支配している子会社

　親会社が海外子会社の議決権の過半数を保有する等して実質的に子会社の
経営を支配している場合には、親会社は、その議決権の行使を通じて、子会
社の役員人事を決定することができる。組織運営において人事権を有してい
ることは支配力の源泉であり、これを通じて、親会社は、子会社に対して、
コンプランス・プログラムの導入及び運用を推進できる。支配という点で
は、100％子会社の場合と大差ない[8]。

　そこで、実質支配が確立されているという現状を背景としつつ、親会社に
おいて、海外子会社から、コンプランス・プログラムの導入及び運用に向け
た自主的な協力を期待することができるかというと、100％子会社の場合と
異なると言わざるを得ない。子会社に少数株主がいる場合には、親会社と少
数株主の利益が相反する可能性がある。そのため、子会社から期待できる自
主的な協力の程度は100％子会社の場合よりも少なくなるとみるのが穏当で
あり、法的な枠組みを必要とする程度は高くなるとみるのが妥当であろう。

　無論、親会社と海外子会社の少数株主との間で株主間契約等が締結されて
いる場合には、コンプライアンス・プログラムの導入及び運用についても何
らかの取り決めがなされるのが通例であろう。この場合、経営管理契約を締
結する必要性は高くない。他方で、特定の提携関係にある少数株主ではな
く、何らかの事情で少数株主が残ってしまった場合には、株主間契約等が締
結されていない場合も少なくない。また、法的な枠組みがない中で、コンプ
ライアンス・プログラムを運営するために必要な情報の取得に際して、株主
平等原則に反するといった法的な問題が生じてくる可能性もある。株主間契
約等による法的な枠組みがない場合には、別途、経営管理契約を締結した上
で、法的な枠組みを整備すべき必要性が高いのが実情であろう。

---

8)　Joined Cases 56/64 and 58/64, Consten and Grundig v Commission [1966] ECR 299.

(3)　関連会社

　この場合、親会社としては、コンプライアンス・プログラムを導入及び運用する必要がある一方、海外子会社を実質的に支配していないので、子会社が、親会社の利益のために、自主的にコンプライアンス・プログラムの導入及び運用に協力することは期待し難い。関連会社については、出資する際に適切なデューデリジェンスを実施して不正行為が発生するリスクの程度について分析するとともに、出資時の株主間契約やその後に締結する経営管理契約等において情報請求権等を定め、コンプランス・プログラムの運用に支障が生じないようにしておく必要がある。

3　経営管理契約

　このように、海外子会社における実効的なコンプランス・プログラムの導入及び運用のためには、海外子会社に対する出資形態に関わらず経営管理契約のような法的枠組みを整備し、法的な権利義務を前提としつつ、海外子会社に対して、コンプランス・プログラムの導入及び運用への協力を依頼する法的環境を準備することが望ましい。海外子会社側としても、任意の協力ではなく、法的義務として、職務の一環として履行する建付けを取るほうが協力しやすいという実情もある[9]。

　そこで、以下、海外子会社との間で締結する標準的な経営管理契約の例を紹介し、併せて、各条項について解説を加える。

(1)　前文
①　文例

> WITNESSETH：
> ▷以下を証する。
>
> WHEREAS, A Company is the ultimate parent company of XX corporate group
> ("XX Group") and directly owns all of the shares of B Company；
> ▷A社はXX企業グループ（「XXグループ」）の最終的な親会社であり、B社

---

9)　筆者が担当した海外子会社監査実施時のインタビュー結果。

の株式の全てを直接保有しており、

WHEREAS, XX Group operates as a global enterprise cloud communications company and is engaged in the business of designing, developing, marketing, selling, licensing, and supporting a broad range of software Application Programming Interfaces（"APIs"）for voice, messaging, and emergency services：
▷ XX グループは、クラウドコミュニケーションのグローバル企業として運営しており、音声、メッセージ及び緊急サービス用の各種のアプリケーションプログラミングインターフェース（「APIs」用のソフト）の設計、開発、宣伝、販売、ライセンス、及び援助業務に従事しており、

WHEREAS, B Company wishes to engage A Company to perform the Services on the terms and conditions set forth herein（as the term is defined herein）：
▷ B社は、A社にて、本契約に規定する条件にて本件業務を提供することを希望しており（期間は本契約に規定される）、

WHEREAS, A Company is willing and able to perform the Services for B Company on the terms and conditions set forth herein：
▷ A社は本契約規定の条件によりB社に対して本件業務を提供することを希望し、また提供することができ、

Pursuant to this Agreement, the Parties wish to memorialize their agreement, effective as of the Effective Date：
▷本契約書に基づき、当事者は、その合意を記録すること、効力発生日にて効力を生じせしめることを希望しており、

NOW, THEREFORE, the Parties do hereby agree as follows：
▷よって、当事者は、以下のとおり合意する。

②　解説

　海外子会社には現地採用の役員や従業員もいるのであり、彼らの理解を十分に得て経営管理契約を締結するためには、実務的には、日本語の契約を英訳するよりも、英文契約を作成するほうがはるかに有効である。
　よって、実務では、海外子会社との経営管理契約は英文契約で作成するものが圧倒的に多い。とりわけ、他の会社を買収して子会社化した場合には、

企業文化や使用言語も全く異なる現地採用の役職員の理解を得て経営管理契約により権利義務を確定させていく必要があり、日本法に基づく日本語の契約を作成してから英訳を作成する方法では全く機能しない。このような場合こそ、英文契約の標準的な枠組みを前提として権利義務を確定させるべき必要性が高い。また、少数株主がいる場合、親会社が少数株主である場合には、他の株主やこれらのものにより派遣されている役職員の理解を得ることが必須不可欠である。この場合にも、英文契約の標準的な枠組みに基づいて権利義務を確定させなければ、話が前に進まないのが実務の現場である。海外子会社の効果的な管理という観点からは、経営管理契約は英文契約の標準型を基本とするのが効果的であり、かつ実務標準といえる。

英文契約では頭書の次に前文（whereas clause）を置くので、ここで、経営管理契約締結に至る経緯を簡単に述べる。なお、whereas clause ではなく、recitals として前文を置く例もある。いずれを使用しても構わない。法的効果に差異はない。

経営管理契約の冒頭に登場する B Company が被経営管理会社すなわち子会社である。準拠法を日本法にする場合、経営管理契約は B Company の経営管理という法律行為でない事務（民法656条）について定めるものであり、準委任契約である。そのため、民法第3編第2章第10節「委任」の各規定の適用があるため、必要に応じて、その適用除外を定める必要がある。

なお、WITNESSETH は古英語 WITNESS の三人称単数形である。現代英語ではあまり使わない表現であるが、適式な英文契約の形式に準拠して古英語を使用したものである。

(2)　定義

①　文例

Section 1 – Definitions
For purposes of this Agreement, the following terms shall have the meanings set forth below：
▷第1条　定義
この契約において、下記の用語は、以下に規定する意味を有するものとする。

1.1　　"Affiliate" of a Person shall mean and include any entity or association controlled by, controlling, or under common control with such Person. For purposes of this definition, the term "control" shall mean the ownership of more than fifty percent（50%）of the voting shares in any entity or association.

▷ 1.1　　ある当事者の関連会社とは、特定の当事者により支配され、支配し、又は共同支配されている事業者又は組織を意味する。この定義において、支配とは、事業者又は組織の 50%以上の議決権を有することを意味する。

1.2　　"Arm's Length Principle" shall mean the arm's length principle, as set forth in the laws, regulations, guidance, and the judicial and administrative interpretations of such laws and regulations, in force in the Parties' countries of tax residence, as the same may be amended from time to time.

▷ 1.2　　アームズ・レングス原則とは、当事者の税務上の居住地において有効で、時々において改正され得る法律、規則、ガイダンス並びに法令及び規則の司法上及び行政上の解釈に規定されたアームズ・レングス原則を意味するものとする。

1.3　　"Confidential Information" shall mean and include any and all data and information not in the public domain, including know-how and trade secrets, relating to, or contained or embodied in, the Services and/or the business or affairs of B Company. Confidential Information may be communicated electronically, orally, visually, in writing, or in any other recorded or tangible form. All data and information shall be considered to be Confidential Information hereunder（a）if B Company has marked them as such,（b）if B Company, electronically, orally, or in writing, has advised A Company of their confidential nature, or（c）if, due to their character or nature, a reasonable person in a like position and under like circumstances would treat them as confidential.

▷ 1.3　　秘密情報とは、本業務及び／若しくは B 社の業務又は事情に関連、包含又は具体化されているノウハウ及び営業秘密を含む、公有財産と化していないあらゆる及び全てのデータ及び情報を意味し、また含む。秘密情報は、電子的、口頭により、視覚的に、書面により、あるいは、その他の記録媒体又は有体物の形態により、伝達される。(a)B 社が秘密であると明記する場合、(b) 電子的、口頭、あるいは書面により、B 社から A 社に対して、秘密であることを伝えている場合、(c) その性格及び性質からして、同様の立場及び状況にて、合理的に判断して、秘密であると扱う場合には、以下、全てのデータ及び情報は秘密情報と考えられる。

1.4　　"Costs" shall mean the direct and indirect costs attributable to the performance of the Services by A Company for B Company hereunder, as determined in accordance with United States Generally Accepted Accounting Principles（US GAAP）, and which shall be calculated by a methodology agreed upon by the Parties. All costs and expenses reported by A Company to B Company pursuant to this Agreement shall be reasonable and necessary costs and expenses incurred by A Company in the performance of the Services under this Agreement.

▷ 1.4　経費とは、以下、米国で一般に公正妥当と認められた会計原則（US GAAP）に従って決定され、当事者が合意した方法に基づき計算される、A 社が B 社のために本業務を実施するために必要となった直接又は間接の経費を意味する。本契約に基づき A 社が B 社に対して報告する全ての経費及び費用は、本契約下において本業務を遂行するに際して A 社によって負担された合理的かつ必要な経費及び費用である。

1.5　"Person" shall mean and include any individual, corporation, trust, estate, partnership, joint venture, company, association, governmental bureau or agency, or any other entity regardless of the type or nature thereof.

▷ 1.5　人とは、いかなる個人、企業、トラスト、財産、組合、共同出資、会社、組織、政府機関又は代理人、形式又は性質を問わずその他の組織を意味し、また含む。

1.6　"Services" shall mean the general administrative management services specifically listed in Exhibit A and performed either by A Company directly, or by Affiliates or Third Parties that are engaged by the A Company.

▷ 1.6　本件業務とは、別紙 A に具体的に記載された A 社により直接、若しくは関連会社、又は A 社により業務委託を受けた第三者により提供される一般経営管理業務を意味する。

1.7　"Third Party" shall mean and include any Person which is not a Party or an Affiliate.

▷ 1.7　第三者とは当事者及び関連会社以外の自然人又は法人を意味し含むものとする。

1.8　"CSI" shall mean a non-public confidential following information and relates to products and geographic markets for which A Company and B Company are actual or potential competitors

▷ 1.8　CSI とは、非公開の以下の秘密情報であり、A 社と B 社が実際又は潜在的に競争関係にある製品及び地理的市場に関するものである。

(i)　　Current or future prices, pricing components, fees, pricing policies, pricing methods or pricing plans；

▷(i)　　現在又は将来の価格、価格要素、報酬、価格方針、価格決定方法又は価格計画

(ii)　　Current or expected production and sales volumes；

▷(ii)　　現在又は予想される生産及び販売量

(iii)　　Production, including current or future capacity；

▷(iii)　　現在又は将来の生産容量

(iv)　　Distribution, including information relating to networks or sales channels；

▷(iv)　　ネットワーク又は販売経路に関する情報を含む流通

(v)　　Market shares or market conditions；

▷(v)　　市場占有率又は市場の状況

(vi)　　Costs and cost structures；

▷(vi)　　コスト及びコスト構造

(vii)　　Profits or profit margins；

▷(vii)　　利益又は利益率

(viii)　　Confidential information regarding current and potential suppliers or customers；

▷(viii)　　現在及び将来のサプライヤー又は顧客に関する秘密情報

(ix)　　Marketing or strategic plans；

▷(ix)　　マーケティング又は戦略計画

(x)　　Research and development projects；

▷(x)　　調査及び開発計画

(xi)　　Any other confidential business information that could be used to restrict competition.

▷(xi)　　競争を抑制するために使用しうるその他の秘密のビジネス情報

② 解説

英文契約の標準的な形式に基づき最初に定義規定を設ける。

日本語の契約書の場合には、各契約条項の中でその都度用語を定義する場合もあるが、定義が複雑になると契約条項そのものの理解が困難になり、後日、理解に齟齬をきたす可能性が生じやすい。海外子会社とはいえ、合意内容については極力理解に齟齬が生じないようにすることが望ましい。その意味では、英文契約の通常の構成を採用し、理解に齟齬が生じないようにするのが合理的な対応である。ここでは、経営管理契約に基づく本件業務につい

て general administrative management service として広めの定義を採用しつ
つ、具体的業務の内容は別紙Aに記載した。海外子会社との経営管理契約
では、別紙Aに、コンプランス・プログラムの導入及び運用を含む経営管
理契約の対象業務を列記し、これに対する権利義務を契約で定める建付けを
採用する例が多い。なお、経営管理の具体的な対象事項は、親会社の海外子
会社管理方針により範囲が異なるため、各社により個別に検討すべきであろ
う。別紙Aでは、内部統制を念頭に、詳細に、経営管理契約に基づく親会
社の子会社に対する業務を定義しているが、新興国に所在する海外子会社の
場合には、業務の定義の幅を持たせた、緩やかな内容を前提に別紙Aを作
成し、海外子会社のレベルアップに併せて別紙Aを改訂するほうが、海外
子会社の実情にあう場合も想定される。なお、海外子会社を一元管理する方
針の場合には、これらに加えて親会社の稟議・決裁基準に照らして該当する
子会社案件についても、親会社の稟議・決済手続を履行させるべく経営管理
の対象とすることも考えられる。

　1.3 では、営業秘密を秘密情報の定義に含めている。海外子会社が所在する
国及び地域の多くでは営業秘密が保護されると思われ、また、その定義も、概
ね、秘密管理性、有用性、及び非公知性により判断されることとなると思われ
るが、相互に営業秘密を共有したことにより秘密性管理性の要件を喪失するリ
スクには対処の必要がある。経済産業省作成の営業秘密管理指針でも、「例え
ば、別法人と営業秘密を特定した NDA を締結せずに営業秘密を共有した場合
など、別法人に対して自社が秘密管理措置を講じていないことを以て、自社に
おける従業員との関係での秘密管理性には影響しないことが原則である……た
だし、仮に、営業秘密保有企業 E が別法人 F に対して、特段の事情が無いに
も関わらず、何らの秘密管理意思の明示なく、営業秘密を取得・共有させてい
るような状況において、E 企業の一部の従業員が、「特段事情が無いにも関わ
らず、何らの秘密管理意思の明示なく自社 E の営業秘密を F に取得・共有さ
せた」という状況を認識している場合においては、E 企業の従業員の認識可能
性が揺らぎ、結果として、E における秘密管理性が否定されることがありう
る」と指摘している[10]。秘密管理性の要件が喪失しないことを明確にする趣旨
からも、営業秘密については秘密情報の定義に含め、親子会社間の共有にも

10）経済産業省「営業秘密管理指針」16 頁（2003 年）。

関わらず、秘密管理の実体には変化がないことを明らかにする必要があるといえる。

　1.8 は競争機微情報の定義を掲げる。後述するとおり、海外子会社が100％子会社ではない場合には、当該海外子会社との競争機微情報の共有は競争法上の懸念を生じさせかねない。そこで、1.8 では競争機微情報の定義を掲げ、3.3 にて、競争機微情報の共有方法について定めることとしたものである。わが国の独占禁止法と異なり、海外子会社が所在する地域で施行されている競争法では、競争事業者との競争機微情報の共有自体が、違法な共同行為であるとして摘発の対象となる可能性を考慮したものである。なお、競争機微情報の範囲であるが、典型的な競争機微情報は、価格及び数量である[11] ものの、リスク管理の観点からはこれに限定してしまうことは妥当ではなく、生産容量やコスト等、価格に影響しうる情報を含む若干広めの定義を採用している。

⑶　親会社による業務提供の確約

①　文例

Section 2 – Engagement of A Company
▷第２条　　Ａ社による義務

2.1　　　Engagement
B Company hereby engage A Company, and A Company hereby agrees, to perform the Services requested by B Company in accordance with Exhibit A.
▷ 2.1　　義務
Ｂ社はＡ社に対して、ここに、別紙Ａに従い、Ｂ社の要望に応じて本業務を提供させ、また、Ａ社はそのように業務遂行することに同意する。

2.2　　　Relationship Between the Parties.
In the exercise of their respective rights, and the performance of their respective obligations under this Agreement, the Parties are, and shall remain, independent contractors. Nothing in this Agreement shall be construed （a）to constitute the

11）European Commission, Guidelines on the applicability of Article 101 of the Treaty on the Functioning of the European Union to horizontal co-operation agreements （2011/C 11/01）, at para 74.

Parties as principal and agent, franchisor and franchisee, partners, joint venturers, co-owners, or otherwise as participants in a joint undertaking, or (b) to authorize either Party to enter into any contract or other binding obligation on the part of the other Party, and neither Party shall represent to any Third Party that it is authorized to enter into any such contract or other obligation on behalf of the other Party.

▷ 2.2　　当事者の関係

本契約によるそれぞれの権利行使及び義務履行において、当事者は独立業務請負人の関係にあり、また今後もそのような関係にある。本契約は、(a) 当事者が本人及び代理人、フランチャイザー及びフランチャイジー、組合、ジョイントベンチャー、共同所有、またその他共同事業の参加者の関係にあったり、(b) 他方当事者のために契約締結又は拘束力のある義務を負担させる権限を与えるものと解釈されてはならず、他方当事者のために、契約を締結したり、義務を負担させる権限を与えられた旨、第三者に対して、表明してはならない。

② 解説

　経営管理契約に基づき、親会社から海外子会社に対して、一定の業務を提供する法的義務が存在することを明記する条項である。

　営利法人である株式会社は、利益を上げることを目的としており、その目的実現のために、業務が法令及び定款に則って行われているのみならず、海外子会社を含めたグループの業務が効率的に遂行されている必要がある。そこで、会社法は、子会社の職務執行が効率的に行われていることを確保するための体制整備を決議することとしている（会社法施行規則 98 条 1 項 5 号、100 条 1 項 5 号、110 条の 4 第 2 項 5 号、112 条 2 項 5 号の各ハ）。当該体制について、親会社が決定すべき事項の例としては、子会社の役員・使用人等を兼任する役員・使用人による子会社との協力体制及び子会社の監視体制に関する事項や兼任者・派遣者等の子会社における職務執行の適正確保のための体制が挙げられる。また、その他にも子会社取締役が職務執行を行うに当たって必要な決裁・指揮系統等の手続や職務分担の合理性を検証する体制なども考えられる。こういった体制構築を前提としつつ、経営管理契約を通じて、海外子会社から親会社に対して情報を展開させ、子会社取締役の職務執行の決裁・指揮系統等の手続や職務分担の合理性、子会社取締役の職務執行のための人員配置の合理性・効率性を親会社にて検証し、子会社にて改善して合

理化・効率化をめざすこととなろう。別紙 A はそのような前提で、実効的なコンプランス・プログラムの導入及び運用のみならず、海外子会社の業務執行全般について、親会社との情報連携及び合理化・効率化のためのフィードバックが発生する前提で策定されている。

　親会社と海外子会社間の経営管理契約であるが、当該契約締結により、外形的には、親会社と子会社がより一体的にみられる可能性は高くなるといえる。海外子会社にて、親会社の指揮命令監督に服して、コンプランス・プログラムを運用する場合、あたかも、海外子会社が親会社の手足として業務を遂行しているような外観が生まれてこないとも限らず、かつ、その場合、海外子会社にて親会社の代理人として活動しているかのような外観が生じる可能性もある。電子ファイル監査のために、海外子会社が、親会社のために、電子ファイルを収集・分析するベンダーを選定して、業務委託契約を締結するような場合には、そのような誤解を生じさせる可能性もあろう。経営管理契約はもとよりこのような法律関係の形成を目的とするものではないし、親会社としては、海外子会社に対して、広範な代理権限を付与する意図はないものと思われるが、紛争防止の趣旨からも、親会社と海外子会社間の法律関係を明確にしておくことが望ましいといえる。親会社と海外子会社間の法律関係の明確化は海外訴訟対策という意味からも重要である。すなわち、親会社と海外子会社との一体性が高くなればなるほど、海外子会社が訴訟に巻き込まれた場合に、親会社に対する関係でも人的管轄が認定されるリスクが高くなるといえる。米国連邦民事訴訟法上の人的管轄権の認定傾向を見ても、子会社を有しているだけでは、人的管轄権は認定されないが、他方で、子会社の事業が親会社にとって不可欠であり、子会社の事業運営上の問題点を承知しつつ事業をしている場合に、子会社は親会社の包括代理人と認められるとして、人的管轄権を認定する裁判例もある[12]。人的管轄権が争われる場合には、経営管理契約を通じた親会社の介入度合いについて証拠開示の対象になるのであり、また、証言録取では、経営管理契約に基づく実際の管理の程度が質問対象となろう。このような観点からも、法律関係を明確にする条項を入れておくほうが望ましいといえる。

---

12)　*See* e.g., Modesto City Schools v. Riso Kagaku Corp., 157 F. Supp. 2d 1128 (E.D. Cal. 2001).

⑷　子会社による義務

①　文例

Section 3 -Undertaking of B Company
▷第3条　　B社による義務

3.1　　Prior Approval
B Company shall, in accordance with Exhibit A, obtain a prior written approval from A Company. A Company shall, within 10 business days since receipt of the application for approval, notify B Company whether or not an approval would be given to B Company.
▷ 3.1　　事前承認
別紙Aに基づき、B社は、A社に対して、書面により事前承認を取得する。A社は、承認申請から10営業日以内に、B社に対して、承認の可否を伝える。

3.2　　Information about the Service
B Company is fully aware A Company is the listed company at the Tokyo Stock Exchange, under the Japanese laws, needs to submit the security report and as such needs the information from B Company in a timely fashion, and covenants that it shall, in accordance with Exhibit A, use reasonably best effort to promptly notify A Company of all material events/ developments affecting the Service to start consultation, including such events/ developments that are reasonably likely to affect ⅰ approval given from A Company, or ⅱ A Company's decision to achieve the best interest of XX Group.
▷ 3.2　　本業務に関する情報
B社は、A社が東京証券取引所に上場する上場企業であり、日本法に基づき有価証券報告書を提出する必要があり、B社の情報を迅速に必要としていることを理解しており、別紙Aに基づき、(i)A社の事前承認、又は (ii)XXグループ全体の最善の利益を達成するA社の判断に合理的に影響する可能性のある事情・進捗を含む相談を開始する程度に本業務に影響する重大な事情・進捗について、A社に対して、最大限努力を払って迅速に共有することを誓約する。

3.3　　Response to Requests for Information
B Company shall, in accordance with Exhibit A, use commercially reasonable efforts to provide to A Company in a timely manner, such information about the Service upon request from A Company from time to time. Failure or delay to provide the requested information by B Company shall not constitute a material breach of this Agreement to the extent that such failure or delay is caused by a

cause which is beyond the reasonable control of the Party otherwise chargeable with the delay or failure, including, but not limited to, Acts of God, action or inaction of governmental, civil or military authority, fire, strike, lockout or other labor dispute, flood, war, riot, earthquake or natural disaster. Where a failure or delay to provide the requested information is attributable to B Company, B Company shall be regarded as materially violating this Agreement and A Company is entitled to hold the investigation to B Company without giving an advance notice. It should be noted, however, that where B Company would provide the CSI to A Company, an access thereto with A Company is limited to the following individuals. Where they would disclose the CSI to A Company's management, A Company must secure a written prior consent from B Company and then process the CSI by converting it into aggregated and/or historical information（at least twelve ⑿ months before such disclosure or use）.

 Mr. ABC

 Mr. CFD

▷ 3.3　　情報要求に対する対応

B社は、別紙Aに基づき、その時々においてA社からなされる要請に基づき、本業務に関する情報を、迅速に、A社に提供するものとする。不履行又は遅延が生じた場合には、当該遅延又は不履行について別途責任を負う当事者の合理的なコントロールを超える事由に起因する限りにおいて、本契約の重大な債務不履行又は違反を構成しない。当該事由には、天災地変、政府・民間又は軍事当局の作為又は不作為、火災、ストライキ、ロックアウトその他の労働紛争、洪水、戦争、暴動、地震又は自然災害を含むがこれらに限らない。要求された情報を提供できない、又は提供が遅延する原因がB社にある場合、B社は本契約の重大な違反をしたとみなされ、また、A社は、B社に対して事前通告なく調査を実施できる。なお、B社がA社にCSIを開示する場合、A社において当該情報を利用できるのは以下のものに限定される。A社の経営層に対してCSIを開示する必要がある場合、B社の事前の書面による同意を取るとともに、A社はCSIを抽象加工し、及び／又は過去の情報（少なくとも、そのような公開又は利用の12ヶ月以上前のもの）に変換させるものとする。

 Mr. ABC

 Mr. CFD

② 　解説

　本条では、海外子会社の自主性を尊重しつつも、海外子会社におけるコンプライアンスを実現するために、海外子会社に法的義務を負担させる条項を定める。

　3.1 は、海外子会社にて、親会社承認を求める必要がある場合に、これを取得すべき法的義務を負担させる条項である。

　3.2 は、親会社が、有価証券報告書提出会社かつ上場企業であり、よって、適時・適切な情報開示義務を負担していることを海外子会社として認識していることを前提としつつ、海外子会社から親会社に対して、事前承認やグループ全体の利益からして、親会社の判断に影響しそうな事情についての報告義務を課すものである。有価証券報告書提出会社は適時に適正に財務報告を行わなければならない。また、上場会社も、有価証券上場規程に基づき、適時開示をしなければならない。このような要請は、適時又は適切な開示を怠った場合の罰則を伴うものであり、このようなリスクを前提としつつ、子会社は親会社に対して情報提供義務を負担しているという建付けを採用している。情報提供時期については「promptly」という表現を用いることで、詳細な規定を設けない建付けを採用しているが、他方で、その判断基準は、有価証券報告書提出会社であり上場企業である親会社が、適時及び適切な情報開示義務を全うするのに十分であることが指標となる。なお、ここでは、最大限の努力を払って迅速に対応することを誓約するという、いわば努力義務の建付けを採用し、法的義務の建付けは採用していない。海外子会社との関係を考慮したものである。いわゆる努力義務については、commercially reasonable best efforts、reasonable best efforts、reasonable efforts、best efforts、good faith efforts 等の選択肢があるが、ここでは、best effort という標準的な表現を用いている。なお、いずれの表現を用いても、法的義務性を帯びることはないという点に差異はない。

　3.3 は、親会社から子会社に対する情報請求に基づく報告義務をそれぞれ定める。提供すべき情報の範囲は、このように包括的に定めるのが標準型であろう。営業情報、経理情報、財務情報といった業務執行に関わる情報のみならず、親会社による内部監査により必要な情報や親会社監査役又は会計監査人の監査に必要な情報も適時に提供されることが確保されている建付けである。このような情報は、子会社が、国内子会社であり、日本人同士の阿吽の呼吸により子会社管理できる場合には、自主的に提供されることが期待できようが、海外子会社の場合には、このような前提は妥当しない。なお、情報提供の遅延又は不履行については、不可抗力の場合には責任が生じない前提としている。日本法と英米法における相違として、責任の性質がある。日

本の民法は過失責任原則を採用しており、当事者の過失がないかぎり責任を問われない。それに対して、英米法は無過失責任原則を採用しており、当事者に過失がなくても法的責任が発生する。したがって、英米法では、当事者のコントロール外の事由により履行することができなかった場合であっても、原則として厳格に責任を問われる。他方、英米法では、無過失責任原則の厳格さに対処するものとして、frustration（目的達成不能）、impracticability（履行困難性）、impossibility（履行不能）といった法理も存在する。これにより、契約を履行しても目的が達せられなくなったり、契約の履行が不可能となったり、契約の履行が実際的ではなくなるような事由が発生した場合に、当事者が契約関係から外れる。3.3 では、このような法理が存在することを前提としつつ、B 社の責任範囲を明確化するために、不可抗力の場合には、責任を負わないことを明確化する。なお、日本法前提の場合には、故意・重過失の場合には責任を負担しないという規定もありうるであろう。その上で、情報提供の遅延又は不履行の原因が B 社にある場合には、A 社において、事前通告なく B 社に対して調査を実施し、必要な情報を収集することができる建付けとする。このような規定は、親会社である日本企業の一部門が独立した日本国内の 100％子会社の場合には必要ない状況であるが、海外子会社の場合には、このような前提は妥当しないことも想起すべきであろう。場合によっては、海外子会社が拒否しても強制的に情報を収集できる前提環境を確保しておくことは、海外子会社における実効性のあるコンプライアンス・プログラムの運用のためにも必須不可欠である。後述するとおり、米国司法省は、コンプライアンス・プログラムを構築する前提として、事業規模、事業内容、組織風土等の内的要因や業界実態、市場環境、関連法制度等の外的要因についての事前調査が不可欠であり、これに加えて、過去に違法行為が発生した可能性があるのか否か、そのような可能性がある場合、どのような証拠から認定できるのか、想定される違法行為はどのようなものかについて分析が欠かせないとしている。事前調査による情報収集が不十分である場合には、その余の点についての分析を経るまでもなく、コンプライアンス・プログラムの合理性は否認されることとなる。海外子会社から強制的にでも情報を収集できる環境を確保することは、海外子会社において実効性のあるコンプライアンス・プログラムを導入・運用する上で必要不可欠といえる。

　3.3 の規定を設ける上では、反トラスト法・競争法の観点からの留意も必要である。すなわち、海外子会社が、100％子会社ではない場合、反トラスト法・競争法の観点からは、親会社と海外子会社は競争事業者の関係に立ちうる。EU 競争法及び英国競争法型の競争法の場合、「事業者」という概念は経済的活動の単位で把握されるべきものであり、仮に複数の自然人あるいは法人であっても、経済的活動において同一活動単位を構成している場合には、同一の「事業者」であると理解される。子会社が自らの事業について親会社から独立した経済的判断をしておらず、親会社の判断に基づいて事業を遂行しており、親会社と子会社間の組織的及び法的結合があるとみられる場合には、同一の「事業者」であると解釈され[13]、その場合、親子会社間での競争機微情報の共有には競争法上の問題は生じないが、他方で、そのような組織的及び法的結合がない場合には、競争法上、あくまで両社は別法人であり、競争事業者関係が成立しうる。欧州司法裁判所は、100％子会社の場合には、親会社が、子会社の行為に決定的な影響を及ぼしたことについて推定が働き、親会社が決定的な影響を及ぼしたことを立証するために、事業者間の資本関係を立証すれば足りると判示する[14]。つまり、100％子会社と親会社は、同一の事業体として推定され、両社間に違法な共同行為は観念できない。米国反トラスト法でも、この点は同旨である[15]。実務的には、海外子会社の 50％以上の持分を有している場合には、競争事業者関係を認定される可能性は少ないものと考えてよく、海外子会社から親会社に対する競争機微情報の共有により反トラスト法・競争法違反が成立する実務的可能性は低いと分析してよいだろう。仮に競争事業者関係が成立しうる場合であるが、競争機微情報の共有については慎重に扱う必要がある。海外子会社である B 社から親会社である A 社への競争機微情報の共有は、反トラスト法・競争法に違反する共同行為に該当する可能性があるためである。この点、競争法上、共同行為とは、協定及び決定に至らない、直接又は間接による事業者間の接触であり、その目的と効果は、関連市場における競争相手に影響を与えることに向けられているものであるが、ここで留意を要するのは、日本企業

13）Joined Cases 56/64 and 58/64, Consten and Grundig v Commission［1966］ECR 299.
14）Case C-97/08 P, Akzo Nobel NV and Others v Commission, 2008/C 128/38.
15）Copperweld Corp. v. Independence Tube Corp., 467 U.S. 752（1984）.

25

の多くが理解をしている日本の独占禁止法の不当な取引制限（3条後段、2条6項）よりも、はるかに容易に違法な共同行為は認定されるという点である。欧州司法裁判所は、携帯電話の加入契約においてディーラーに支払われる報酬を将来的に減額する見込みであることを Vodafone が表明した会合にオランダの携帯電話事業者が1回参加していた事案において、当該会合に参加することで、寡占市場において事業者各社がどのような事業活動をするのかについて不確実性がなくなり、また、ディーラーに支払われる報酬の減額は、最終消費者に対する料金を固定する上で決定的な要因であることを理由として、十分競争阻害的であり、かつ、その性質上適切な競争を阻害する情報交換については、たとえ情報交換が1回だけなされたものであるとしても、その結果共同行為が実施された場合には、当該共同行為と関連市場に発生した結果との間の因果関係が推定され、競争制限の目的が推認されると判示している[16]。

　このような観点から、3.3では、B社がA社に対して競争機微情報を開示する場合には、その範囲を限定し、競争関係にある事業関係者との共有が発生しないようにするとともに、A社にて経営陣に報告する必要がある場合には、B社の事前の同意を得た上で、抽象加工し、又は過去情報に変換させるものとした。このような対応をした上で、経営陣に報告する限りは、競争法上の懸念を生じさせる可能性は非常に低いと評価できよう[17]。さらに厳密を期するのであれば、競争機微情報については、情報にアクセス制限をかけることも考えられる。競争法及び善管注意義務双方の観点から、このような対応を取る例も少なくない。

16）Case C-8/08 T-Mobile Netherlands BV and Others v Raad van bestuur van de Nederlandse Mededingingsautoriteit.

17）European Commission, Guidelines on the applicability of Article 101 of the Treaty on the Functioning of the European Union to horizontal co-operation agreements（2011/C 11/01）, at para 89 and 90. ここでは、「Exchanges of genuinely aggregated data, that is to say, where the recognition of individualised company level information is sufficiently difficult, are much less likely to lead to restrictive effects on competition than exchanges of company level data」と指摘されている。また、「The exchange of historic data is unlikely to lead to a collusive outcome as it is unlikely to be indicative of the competitors' future conduct or to provide a common understanding on the market」と指摘されている。

(5) 報酬及び費用の支払い

① 文例

Section 4 – Undertaking of A Company
▷第4条　A社の義務
4.1　Compensation

In consideration for the Services performed by A Company hereunder, B Company shall pay to A Company an amount equal to Costs for such Services and a markup on such Costs, consistent with the Arm's Length Principle ("Service Fees"). The Parties agree to periodically review the Service Fees and to make adjustments to the Service Fees as deemed appropriate to maintain a compensation consistent with the Arm's Length Principle. Such adjustments shall be made by attaching a new Exhibit B to the Agreement, with the applicable effective date stated on such Exhibit.

▷ 4.1　報酬

以下に定めるA社による本業務提供の対価として、B社は、本業務の経費及びアームズ・レングス原則に基づく経費に対する利潤と等価な額を支払う（「業務報酬」）。当事者は、業務報酬を定期的に見直すこと、アームズ・レングス原則に準拠した報酬を維持するために適切な調整を加えることに同意する。そのような調整は、別紙に記載した効力発生日に効力を生じる前提で、本契約に別紙Bを添付する方法により行う。

4.2　Reimbursement

In addition to the Service Fees, B Company shall reimburse A Company for all (a) non-recoverable national tax, and other taxes (excluding taxes on the net income of A Company) paid by A Company in the performance of the Services, and (b) costs and fees owed or paid by A Company to Third Parties or Affiliates, relating to the performance of Services, to the extent that the Parties agree to exclude such costs from Sections 1.4 and 4.1 hereto (collectively, "Reimbursements").

▷ 4.2　償還

業務報酬に加え、B社は、A社に対して、(a) 本業務遂行のためにA社が支払った還付対象ではない国内課税又はその他の税金（A社の当期純利益に対する課税は除く）、及び (b) 当事者が第1.4及び第4.1条からそのような費用を除外することを合意している限りにおいて、A社が第三者又は関連会社に対して、本業務の遂行に関連して負担した費用及び報酬を償還しなければならない（総称して「本償還」）。

4.3　　Payments

All Service Fees and Reimbursements payable by B Company to A Company under this Section 4 shall be paid no later than sixty (60) calendar days after A Company's quarter close.　All payments shall be made in United States dollars, unless otherwise agreed upon by the Parties.

▷ 4.3　　支払い
第 4 条に基づき B 社から A 社に対して支払うべき本業務報酬及び本償還は A 社の四半期締日から 60 日以内に支払わなければならない。当事者にて別途合意した場合を除いて、全ての支払いは米国ドル建て払いとする。

4.4　　Adjustment

In the event that any amount paid by B Company to A Company under Section 4 hereof is subject to adjustment by any governmental tax authority, A Company shall pay to B Company, or B Company shall pay to A Company, as the case may be, the full amount of such adjustment in the year that the governmental adjustment becomes final.　The Parties shall cooperate in any proceedings necessary to avoid double taxation.

▷ 4.4　　調整
第 4 条に基づき B 社が A 社に支払った金員が税務当局による調整対象となった場合には、A 社は B 社に対して、あるいは B 社は A 社に対して、政府による調整が最終的に確定した年に当該調整を支払う。当事者は、二重課税を避けるために、いかなる手続にても協力する。

② 　解説

経営管理の対価の支払い及び費用の償還について定めるものである。

4.1 は、本業務に対する約因（consideration）として、本報酬を支払うことを定める。なお、親会社と海外子会社との力関係を前提に、日本法を準拠法として選択できる場合には、必ずしも約因という概念を持ち込む必要はないのであるが、海外法人を買収して子会社とした場合などは、日本法体系を受け入れさせようとしても納得が得られない場合も少なくない。実務的には、英米法体系を前提として、経営管理を進めないと実務が回らない場合も散見される。この点、日本法上は、「合意」と「契約」は一般的に同じ意味を有するが、英米法の契約法では、単なる「合意（agreement）」と、法的に強制執行可能（legally enforceable）な「契約（contract）」とは、異なる概念であ

る。「契約（contract）」は、約因（consideration）を必要とする点が、「合意
（agreement）」と異なる。約因というのは、契約を構成するために双方当事
者が交換取引する対価のことであり、4.1では、その対価は報酬であると定
める。但し、これは英米法の契約法上、agreement と contract が法的概念と
して異なるということを意味しているにすぎない。英文契約のタイトルが
agreement であることをもって、当該契約が強制執行不能（unenforceable）
となることを意味するものではない。

　4.1で定める報酬であるが、これは、親会社による経営管理に係るサービ
ス提供の対価として海外子会社から支払われるべきものとして、対価の金額
が算出されなければならない。4.1では、このような観点から、親会社と海
外子会社が独立当事者関係にあることを前提に費用算出する建付けをとるも
のである。海外子会社から親会社への利益の吸い上げの一環として報酬額を
決定するようなことは避ける必要がある。報酬額が適正でなく、利益還流の
一手段として用いられる場合には、海外子会社が税務調査の対象になった際
に、適正報酬と実際報酬の差額について、追徴課税及びペナルティを受ける
リスクがある。また、適正報酬額を超える金額については、海外子会社の株
主である親会社について、株主の議決権行使に対する利益供与であるとの疑
いも生じせしめる可能性がある。経営管理業務は親子会社間で行われる業務
であり、税務当局側から、恣意性が疑われやすい。そのため、経営管理契約
に基づき、経済的・商業的価値を有する業務を提供していることについて、
証票類を準備しておくことが重要である。

⑹　秘密情報の扱い

①　文例

Section 5 - Confidential Information
▷第 5 条　　秘密情報

5.1　　Nondisclosure Obligation
During the term of this Agreement, the Parties may disclose certain Confidential
Information each other solely to perform its obligations under this Agreement.
The disclosed Party shall refrain from using or exploiting any and all Confidential
Information for any purposes or activities other than those specifically authorized

in this Agreement, and the disclosed Party shall not disclose any Confidential Information to any Person, except to its employees, agents, representatives, or external advisors including but not limited to auditor, external counsel, public certified accountant, financial advisor and tax advisors, with a need to know basis. The disclosed Party shall cause those who have access to the Confidential Information to comply with the terms and conditions of this Agreement in the same manner as the Parties is bound hereby, with the disclosed Party remaining responsible for their actions and disclosures. The disclosed Party shall implement effective security procedures in order to avoid disclosure or misappropriation of the disclosing Party's Confidential Information. The disclosed Party shall immediately notify the disclosing Party of any unauthorized disclosure or use of any Confidential Information that comes to the disclosed Party's attention and shall take all action that the disclosing Party reasonably requests to prevent any further unauthorized use or disclosure thereof.

▷ 5.1　　非開示義務

本契約の有効期間中、当事者は、相互に、本契約中の義務を履行するために秘密情報を開示することがある。被開示当事者は、本契約にて特に授権されたもの以外の目的や行動のために秘密情報のいずれか及び全てを利用、又は活用をしてはならず、知る必要のあるその従業員、代理人、代表者、あるいは会計監査人、外部弁護士、公認会計士、ファイナンシャルアドヴァイザー、及び税理士を含むがこれに限られない外部助言者以外の者に秘密情報を開示してはならない。被開示当事者は、被開示当事者にて行為又は開示に対して法的な責任を負担しつつも、それらのものをして、当事者が負担するのと同様に本契約上の条件を遵守させなければならない。被開示当事者は、開示当事者の秘密情報の開示あるいは誤った適用を防ぐために、効果的な安全手続を実行しなければならない。被開示当事者は、被開示当事者が確認するに至った秘密情報の無断開示又は利用について、開示当事者に直ぐに通知しなければならず、更なる無断使用又は開示を防ぐべく、開示当事者が合理的に要求する全ての手段を講じなければならない。

5.2　　Ownership of Materials

The disclosed Party expressly acknowledges and agrees that all documents and materials that contain or embody any Confidential Information are and shall remain the sole property of the disclosing Party. Such materials shall be promptly returned to the disclosing Party (a) upon the disclosing Party's reasonable request, or (b) in accordance with Section 6.5 hereof, upon expiration or termination of this Agreement.

▷ 5.2　　有体物の所有者

被開示当事者は、秘密情報を含み、または具体化する全ての書類及び有体物が、開示当事者のみの資産であることを明示的に確認し、かつ同意する。当該有体物は、(a) 開示当事者による合理的な要求がある場合、または (b) 第6.5条に従って本契約の有効期間満了又は解除により、開示当事者に対して、迅速に返却されなければならない。

5.3　　Intellectual Property

The disclosed Party will not obtain any intellectually property rights of any kind as to any Confidential Information as a result of a disclosure to it under this Agreement. This Agreement will not effect the assignment or transfer of, or grant of license under, any intellectual property rights in the Confidential Information.

▷ 5.3　　知的財産

被開示当事者は、本契約に基づき秘密情報の開示を受けた結果として、当該秘密情報に関するいかなる知的財産権も得ることはない。本契約によって、秘密情報にかかる知的財産権につき、譲渡若しくは移転、又はライセンスという効果が生じることはない。

5.4　　Exceptions

The provisions of this Section 5 shall not apply to data and information disclosed to the disclosed Party by the disclosing Party, if they (a) were already known to the disclosed Party prior to disclosure by the disclosing Party, (b) have come into the public domain without breach of confidence by the disclosed Party or any other Person, (c) were received by the disclosed Party from a Third Party without restrictions on their use in favor of the disclosing Party, (d) are required to be disclosed pursuant to any applicable law, rule, regulation (including but not limited to regulation at the Tokyo Stock Exchange and preparation of security report), or government or court order, or (e) are consented to be disclosed in writing beforehand by the disclosing Party. Provided, however, that the disclosed Party shall promptly and prior to the said disclosure (if possible) notify the disclosing Party of such requirement, so that the disclosing Party may seek/have the disclosed Party seek an appropriate protective order and disclose only the portion of Confidential Information that is necessary to comply with such requirement.

▷ 5.4　　例外

(a) 開示当事者の開示前に既に被開示当事者が知っていた場合、(b) 被開示当事者又はいずれのものの保秘義務違反によらず公知のものとなった場合、

(c) 開示当事者のために制約を受けることなく第三者から被開示当事者が受領した場合、(d) 適用法令、規則、規制（東京証券取引所の規制及び有価証券報告書準備に関わる規制を含むがこれに限定されない）又は政府あるいは裁判所の命令により開示を要求される場合、又は (e) 開示者の事前の書面による同意が得られる場合には、開示当事者から被開示当事者に対して開示されたデータ又は情報に対して、第５条は適用されない。但し、被開示当事者は、開示当事者が自ら又は非開示当事者をして必要な保護命令を申請できるよう、迅速に、かつ当該開示の前に（可能なら）、開示当事者に対し当該義務について通知をするとともに、当該義務を遵守するために必要な部分のみ開示する。

5.5　Remedy

In the event that either Party breaches this Agreement, such Party shall be liable for damages (including, but not limited to, attorneys' fees and expense) incurred by the other Party as a result of such breach. In the event that the disclosed Party breaches this Agreement or any unauthorized disclosure, leakage or use of the Confidential Information occurs, the Disclosing Party may seek an injunction or provisional injunction to suspend or prevent such unauthorized disclosure, leakage or use, and/or may demand measures be taken to restore the confidentiality of the Confidential Information. The disclosed Party agrees that no bond or other security will be required in obtaining such injunction or provisional injunction.

▷ 5.5　救済手段

いずれかの当事者が本契約に違反した場合、相手方に対し、当該違反の結果、相手が受けた損害（ここには弁護士報酬及び費用が含まれるがこれに限らない）を賠償する責任を負う。いずれかの当事者が本契約に違反した場合、又は秘密情報について、権限のない開示、漏洩若しくは使用がなされたとき、開示当事者は、当該開示、漏洩若しくは使用を停止若しくは防止するための差止命令若しくは仮処分を求めることができ、又は当該秘密情報の秘密性を回復するための措置を講じるよう求めることができるほか、これらの両方を求めることもできる。被開示当事者は、当該差止命令又は仮処分を得るにあたり、担保や保証を要さないことに同意する。

②　解説

　各当事者に対して秘密保持義務を定める規定である。親会社にとっては、親会社が有する経営管理のノウハウその他営業秘密の流出を防止する意味があり、主に情報を提供する海外子会社側にとっては、提供する情報が多岐に渡り、営業秘密のみならず重要情報が含まれるため、その秘密を保持するた

めに意味のある規定である。特に海外子会社は、親会社以外の株主が存在する場合には、子会社役員等の善管注意義務の観点からも必要な規定である。

5.1 ではこのような前提のもと、親会社及び海外子会社が、いずれも秘密保持義務を負担しつつも、一定の場合に、秘密保持義務が解除されることを定める。親会社及び海外子会社ともに、従業員・代理人及び代表者のみならず、会計監査人、外部弁護士、公認会計士、ファイナンシャルアドヴァイザー、及び税理士に対しても開示して検討する必要がありうるところである。これらのものに対する情報開示を例外とするのは必須の規定であろう。開示する場合の秘密保持についても規定するのは、善管注意義務に対する配慮の観点からである。なお、秘密情報には、海外子会社の社内弁護士や外部弁護士からの助言が含まれることもある。そもそも、当該助言を親会社と共有する場合に、第三者との任意の共有に該当するとして弁護士依頼者間秘匿特権の放棄に該当しないようにしなければならない。米国の裁判例による限り、親会社との共有は、一定の要件を満たす限り、必ずしも弁護士依頼者特権の放棄には該当しないとされる[18]が、当該助言を共有する必要性（need to know）については厳密に問われる傾向にある[19]。親会社と海外子会社の法人格は別であるため、海外子会社の社内・社外弁護士から見た場合、親会社は、「第三者」に該当し、弁護士依頼者間秘匿特権の要件である「秘密性」の要件を満たさなくなる危険があることは十分留意する必要がある。日本には弁護士依頼者特権という概念自体が存在しないため、見落としがちな点といえる。また、会計監査人、外部弁護士、公認会計士、ファイナンシャルアドヴァイザー、及び税理士といった外部専門家と弁護士の助言を共有するのは、明らかに第三者との共有であり、弁護士依頼者間秘匿特権の要件である「秘密性」の要件を満たさない。この場合でも一定の要件を満たせば、弁護士依頼者間秘匿特権の放棄には該当しないとされるが、共有する必要性（need to know）がある場合にはじめて弁護士依頼者間秘匿特権の放棄に該当しないとされる[20]。5.1 にて、例外的に秘密情報の開示が認められる範囲を、

---

18) Andritz Sprout-Bauer, Inc. v. Beazer East, Inc., 174 F.R.D. 609, 633（M.D. Pa. 1997）；
    Cottillion v. United Ref. Co., 279 F.R.D. 290, 298（W.D. Pa. 2011）.
19) *See* e.g., George v. Siemens Indus. Automation, Inc., 182 F.R.D. 134, 141（D.N.J. 1998）.
20) *See* e.g., In re Bieter Company, Petitioner, 16 F.3d 929（8th Cir. 1994）.

知る必要がある場合に限定するのは、このような観点をも考慮したものである。なお、弁護士依頼者間秘匿特権の保護という観点等からは、別途、共有する必要性（need to know）について、判断のための適切な基準と手続を定めたガイドライン等を定めることが望ましいといえる。

5.2 は、秘密情報が化体した有体物の所有権について確認するものである。秘密情報には、技術ノウハウといった知的財産権が含まれることもある。知的財産権の保護の目的から、念のための注意規定として、秘密情報の開示により、これが化体した有体物の所有権が移転するものではないことを定めたものである。海外子会社に親会社以外の株主が存在する場合には、善管注意義務の観点から必須の規定である。

5.3 も、知的財産権保護の観点からの確認規定である。

5.4 は、親会社が有価証券報告書提会社や上場会社の場合に必要な規定である。海外子会社から提供された情報に基づき財務報告を行い、適時開示の必要があるからである。なお、開示を受けた当事者が法令上の義務に基づき開示する場合も、善管注意義務の観点からは、開示当事者が自社の秘密情報を守るための手段を講じる機会を与えることや、受領当事者に対して最小限の範囲での開示を義務付ける規定を定める必要があろう。この点、保護命令（protective order）の申請は、開示当事者あるいは被開示当事者のいずれにあるのかは、海外子会社の所在する法域での法制度の体系により異なる可能性がある。そこで、保護命令を申請するか否かの判断は、開示当事者に委ねつつも、法律上の申請適格が被開示当事者のみに認められる場合も想定した建付けを採用するものである。被開示当事者が保護命令の申請適格がある場合にも「seek an appropriate protective order」となっており、「secure an protective order」とはしていない。保護命令を取得することまでは法的義務ではない。海外子会社が所在する地域の法体系にもよるが、保護命令の発令には裁判所の裁量が幅広く認められる場合が少なくない。保護命令を取得することまでを求めるのは過大な要求であろう。善管注意義務との関係でも、保護命令の申請までで足りるというべきである。

5.5 は、100％親子会社間の場合であれば不要な条項であろうが、海外子会社に他の株主がいる場合には、善管注意義務の観点から入れておくことが望ましい規定である。なお、英米法の体系を前提とすると救済手段には、コモンロー（common law）と衡平法（equity）の 2 つの体系がある。救済手段と

の関係では、コモンロー上の救済が不十分な場合に、衡平法上の救済が認められるという関係にあり、裁判所の命令による救済には、specific performance（特定履行）と injunction（差止命令）がある。5.5 では、救済の原則形態を、金銭賠償としつつ、後段で差止命令について規定するものであり、英米法の体系を意識した建付けを採用するものである。

(7)　契約期間
①　文例

Section 6 – Term and Termination
▷第 6 条　　期間及び解除

6.1　　Term
This Agreement shall become effective on the Effective Date and shall continue for a period of one （1）year thereafter, unless earlier terminated as provided in this Section 6.　After this initial term, the Agreement shall be automatically renewed for one （1）year periods, unless either Party gives written notice of non-renewal at least thirty （30）calendar days before the end of the initial term or any renewal date.
▷ 6.1　　期間
本契約は効力発生日にて効力を生じ、第 6 条に基づき期間満了前に解除されない限り、1 年間継続する。当初期間後、当初期間又は更新後の期間満了 30 暦日前に、いずれかの当事者から、書面による更新拒絶の通知がなされない限り、1 年間、自動的に更新される。

6.2　　Termination for Breach
In the event that a Party （the "Breaching Party"）shall commit any material breach or default of its obligations under this Agreement, the other Party （the "Non-Breaching Party"）may give the Breaching Party written notice thereof and demand that such breach or default be cured immediately.　If the Breaching Party fails to cure such breach or default within thirty （30）calendar days after the date of the Non-Breaching Party's written notice hereunder, the Non-Breaching Party may terminate this Agreement immediately upon giving written notice of termination hereof to the Breaching Party.　Termination of this Agreement in accordance with this Section 6.2 shall not adversely affect or impair the Non-Breaching Party's right to pursue any legal remedy, including the right to recover damages for all harm suffered as a result of the Breaching Party's

breach or default hereof.

▷ 6.2　　違反による解除

当事者（「違反当事者」）が本契約の義務の重大な違反又は不履行を犯した場合には、他方当事者（「非違反当事者」）は、違反当事者に対して、その旨書面により通知し、当該違反及び不履行を即座に是正するよう要求する。非違反当事者による書面による通知から 30 暦日以内に、違反当事者にて当該違反又は不履行を是正しない場合、非違反当事者は、違反当事者に対する書面による通知により、即座に本契約を解除することができる。第 6.2 条に基づく契約解除は、違反当事者による違反又は不履行の結果被った被害に対する損害の回復権を含む法的救済を遂行する非違反当事者の権利に不利な影響を及ぼし、又は損なったりすることはない。

6.3　　Termination for Insolvency

To the extent permitted by applicable law, either Party may terminate this Agreement immediately upon written notice of termination to the other Party if the other Party goes into bankruptcy or voluntary or involuntary dissolution, is declared insolvent, fails to pay its debts as they come due, makes an assignment for the benefit of creditors, becomes subject to proceedings under any bankruptcy or insolvency law, or suffers the appointment of a receiver or trustee over all or substantially all of its assets or properties.

▷ 6.3　　倒産による解除

適用法令において認められている限りにおいて、他方当事者が破産、自主的又は非自主的解散、倒産宣告、履行期にある債務の不履行、債権者の権利を譲渡、破産又は倒産法による手続の対象となる、全ての又は実質的に全ての資産又は財産が管財人又は管理人選任の対象となる場合、当該当事者に対する書面による解除通知により、いずれの当事者も本契約を即時に解除することができる。

6.4　　Termination by B Company and Mutual Agreement

Notwithstanding the provisions of Section 6.2 hereof, B Company may terminate this Agreement immediately by written notice of termination to A Company if A Company breaches any of its obligations under Section 5 hereof. After the initial term of this Agreement, B Company may also terminate this Agreement upon thirty (30) calendar days written notice of termination to A Company. This Agreement may also be terminated by written mutual agreement between the Parties.

▷ 6.4　　B 社による解除及び合意解約

第 6.2 条の規定に関わらず、B 社は、A 社が第 5 条記載のいずれかの義務に違

反した場合には、書面による解除通知により、本契約を即時に解除すること
ができる。本契約の最初の期間後、Ａ社に対して、30暦日の書面による通知
を送ることによっても、Ｂ社は、本契約を解除することができる。また、当
事者は、相互の合意によっても、本契約を解除することができる。

6.5　Rights and Obligations Upon Termination.
Termination of this Agreement for any reason whatsoever shall extinguish all
rights and obligations of the Parties, except for those rights and obligations
accrued prior to termination, as specified under this Section 6. Upon termination
of this Agreement for any reason whatsoever, A Company shall（a）immediately
cease performing the Services, unless otherwise directed by B Company in
writing and,（b）return to B Company all documents and other materials which
contain or embody any Confidential Information and which are in A Company's
possession.

▷ 6.5　解除後の権利義務
いかなる理由によるものであれ本契約の解除により、第６条により特定され
ている解除前に生じた権利義務を除いては、当事者の権利義務は消滅する。
いかなる理由によるものであれ本契約の解除により、Ａ社は（a）Ｂ社により
書面で指示されない限り、本業務の履行を即座に停止し、（b）Ａ社が保有す
る、秘密情報を含む又は化体させた書面及び他の有体物をＢ社に返却する。

6.6　Status of Payments Upon Termination
If termination of this Agreement occurs due to any event other than breach or
default by A Company, then A Company shall be entitled to all Service Fees and
Reimbursements that have accrued prior to the date of termination. Payment of
the Service Fees and Reimbursements after termination shall be made in
accordance with Section 4 hereof.

▷ 6.6　解除時の支払い状況
本契約の解除が、Ａ社の違反又は不履行以外の事情により発生する場合、Ａ
社は、解除日前に発生した業務報酬及び本償還を請求できる。解除後の業務
報酬及び本償還の支払いは、第４条に基づきなされる。

6.7　Survival
Notwithstanding termination of this Agreement, in the event of termination of
this Agreement for any reason whatsoever, Sections 5 through 11 hereof shall
survive for as long as necessary to effectuate their purposes, and shall bind the
Parties and their respective representatives, successors and assigns.

▷ 6.7　存続

本契約の解除に関わらず、いかなる理由によるものであれ本契約が解除される場合、第５ないし11条はその目的を果たすのに必要な期間存続し、当事者、それぞれの代表者、承継人及び譲受人を拘束する。

6.8　　Waiver of Termination Compensation
To the extent permitted by applicable law, neither Party shall be liable to the other Party for, and each Party hereby expressly waives any right to, any termination compensation of any kind or character whatsoever, to which such Party may be entitled solely by virtue of termination of this Agreement.

▷ 6.8　　解除補償の放棄
適用法令により許容される限りにおいて、本契約の解除のみにより受領する解除補償又はそのような性質の一切の補償についていずれの当事者も支払い義務を負わず、またいずれの当事者も明示的にそのような請求権を放棄する。

② 解説

　契約の有効期間、並びに解除条件及び解除に伴う法的関係を定める条項である。

　経営管理契約は、親会社として海外子会社を管理する必要性に基づいて締結されるものであり、海外子会社が買収の対象になるなどして経営管理の必要性がなくなれば存続する理由がなくなる。そのため契約期間も、6.1のように短期間かつ自動更新条項による更新を伴う建付けとするものが多い。また、親会社の海外子会社に対する持株比率が一定割合を下回った時点で解除権が生じるとする建付けをとることもある。経営管理契約が、親会社による子会社管理の必要性を前提とする契約であることは、6.4にも反映されている。6.4は、Ａ社が秘密情報の取扱いについての義務に違反した場合、最初の１年間経過後のＢ社による即時解除及び合意解除という３つの類型による解除権を規定するものである。このうち、秘密情報の取扱い上の義務違反による解除は、Ｂ社の取締役の善管注意義務に配慮したものであるが、Ｂ社による即時解除及び合意解除は、子会社管理の必要性が消滅した際に、臨機応変に、契約関係の解消を可能にするための規定である。

　6.5は解除後の権利義務関係についての規定であり、当事者間の権利義務が、原則として、本契約の解除により消滅することを確認するものである。なお、秘密情報を含む書面や有体物については、海外子会社に対して即時に

返却する必要がある。他方、6.7 は、6.5 の原則に対する例外として、契約上の効果が存続する場合について定める。

　6.6 は、本契約解除時の業務報酬及び本償還の扱いについて確認するものである。

　また、6.8 は、契約解除時の解除補償について放棄することを確認する規定である。海外子会社が所在する法域の法体系では、このような補償支払いの必要性が発生することもありうることから、当事者間の合意により、解除補償を放棄することを明確化したものである。

(8)　契約関係の譲渡

①　文例

Section 7 – Assignment
Neither this Agreement nor the rights and obligations hereunder may be assigned by any party without the prior written consent of the other party. Subject to the foregoing, this Agreement shall be binding upon and inure to the benefit of each party hereto and its respective successors and assigns. Any purported assignment without the prior written consent of the other party shall be null and void.

▷第 7 条　　譲渡
当事者は、本契約又は本契約に基づく権利義務を、他方当事者の事前の書面による同意なく、譲渡することができない。上記を条件として、本契約は、本契約当事者並びにその各々の承継人及び譲受人に対し拘束力を有し、それらの利益のために供するものとする。他方当事者の事前の書面による同意なく譲渡を試みた場合には、当該譲渡は無効とするものとする。

②　解説

　英米法の契約法体系では、原則として、当事者間の権利関係の譲渡が可能である。他方当事者の同意がなければ譲渡することができないとしたい場合には、そのように規定しておく必要がある。「assignment of this agreement」とは、契約上の地位の譲渡であり、「assignment of the rights and obligations under this agreement」とは、契約上の権利義務の譲渡（債権譲渡と債務引受）を意味する。「譲渡」には、assign、delegate、transfer といった言葉を使うこともある。権利については assignment、義務については delegation とい

う用語を使用し、assignment of rights、delegation of obligations/duties という言い回しを使うことが多い、なお、transfer は assign とほぼ同義である。当該条項に違反して、契約上の権利義務を譲渡した場合には、当然契約違反となるが、当該譲渡自体の法的有効性には疑義が残る。譲渡自体を無効とさせたいのであれば、その法的効果として、無効（null and void）となることを明記する必要がある。海外子会社の管理は、親会社における海外子会社管理の必要性が存在することが前提となる以上、当該必要性が存在しない当事者に対する経営管理契約上の権利義務関係の譲渡は当然に無効とするのが妥当であろう。

(9)　法令順守
①　文例

Section 8 – Compliance with Laws
Each Party shall at all times and at its own expense (a) strictly comply with all applicable laws, rules, regulations, and governmental orders, now or hereafter in effect, relating to its performance of this Agreement, (b) pay all fees and other charges required by such laws, rules, regulations, and orders, and (c) maintain in full force and effect all licenses, permits, authorizations, registrations, and qualifications from all applicable governmental departments and agencies to the extent necessary to perform its obligations hereunder.

▷第8条　法令順守
各当事者は、全期間を通じて、かつ自らの費用負担で、(a) 本契約の履行に関連する、現在又は以後効力を有する、全ての適用法令、規則、規制及び政府命令を厳格に順守し、(b) かかる法律、規則、規制及び命令で必要とされる全ての報酬及び費用を支払い、また (c) 本契約の義務を履行するのに必要な、全ての関係する政府機関及び当局の全てのライセンス、許可、権限、登録及び資格を、完全に効力がある状態に維持しなければならない。

②　解説
親会社による海外子会社の経営管理は、会社法が認める株主権の行使を超えた内容を含むなど、会社法その他の法令への抵触が問題となる場合もありうる。しかしながら、このような問題が生じる場合でも、法令順守が最優先であることを確認するものである。

⑽　準拠法

①　文例

Section 9 – Choice of Law
This Agreement, and any disputes arising out of or in connection with this Agreement, shall be governed by and construed in accordance with the State of California, U.S.A., excluding its rules governing conflicts of laws.
▷第9条　準拠法
本契約、本契約から生じるあるいは関連するいかなる紛争も、抵触法に関するルールの適用を除き、アメリカ合衆国カリフォルニア州法に準拠し、これに従い解釈される。

②　解説

準拠法の定めに関する規定である。

多くの場合、海外子会社との力関係から親会社が所在する日本法を準拠法として選択できる場合が多いと思われるが、ここでは、海外子会社を買収した場合を想定し、米国カリフォルニア州法の例を掲載した。無論、親会社の利益という観点からは日本法を選択することが最も簡明であろうが、他方、日本法に拘るあまりに、経営管理契約が締結できず、海外子会社の経営管理が進まないばかりか、コンプライアンス・プログラムの導入及び運用に支障が生じるようなことは避けなければならず、このような事態は、却って善管注意義務の観点から問題を生じさせかねない。実務の現場では柔軟な対応が求められよう。なお、抵触法（抵触ルール）とは、事案や契約が複数の法や法域に関連する場合に、どの法域の法を適用するかを定める法のことである。準拠法がカリフォルニア州法である場合、「抵触法の原則の適用を排除して」という規定がないと、カリフォルニア州の抵触法で判断される法律が適用されることにより、結果的に適用される法律が選択した準拠法ではなくなる場合がある。「抵触法の原則の適用を排除して」と規定することにより、これを排除し、適用される法律が選択した準拠法であることを明確化することができる。

⑾　紛争解決

①　文例

Section 10 – Dispute Resolution

In the event of the occurrence of a dispute arising out of or in connection with the validity, construction or implementation of this Agreement, the parties hereto shall initially attempt to resolve such dispute through amicable discussion. If the dispute is not resolved within 30 business days after the commencement of the discussion among the parties, then either party shall be entitled to submit the dispute to Singapore International Arbitration Centre ("SIAC") in accordance with the Commercial Arbitration Rules of the SIAC then in effect. The arbitral award shall be final and binding upon the parties. English language shall be used in the arbitral proceeding. The arbitration shall take place in Singapore. The arbitral tribunal shall consist of three (3) arbitrators appointed in accordance with the Commercial Arbitration Rules. The cost of arbitration, including expenses for arbitrators, shall be borne by each party unless otherwise provided by the arbitral award. Judgment upon the arbitral award may be entered in any court having jurisdiction thereof. The arbitrators shall not be entitled to award punitive or exemplary damages.

▷第10条　　紛争解決

本契約の効力、解釈又は実施に起因し又はこれらに関連して紛争が発生した場合には、本契約当事者は当初当該紛争を友好的な協議により解決することを試みるものとする。当該紛争が当事者間の協議の開始から30営業日以内に解決されなかった場合には、いずれの当事者も、当該時点において有効なシンガポールの Singapore International Arbitration Centre（SIAC）の商事仲裁規則に従い、当該紛争を SIAC に付託する権利を有するものとする。仲裁判断は終局的であり、当事者を拘束するものとする。仲裁手続では英語が使用されるものとする。仲裁はシンガポールで行われるものとする。仲裁廷は、商事仲裁規則により選任された3名の仲裁人により構成されるものとする。仲裁人のための費用を含む仲裁のコストは、仲裁判断により別途規定される場合を除き、各当事者がこれを負担するものとする。仲裁判断は、管轄を有する裁判所において、執行判決を得ることができる。仲裁人は、懲罰的賠償を付与する権限を有さないものとする。

②　解説

　親会社及び海外子会社間にて紛争が発生することはあまり考え難く、かつ紛争が生じるような深刻な対立がありうる場合には、海外子会社の役員人事

を通じて人員を入れ替え、法的手続を利用するような紛争に至るのを回避するのが通常であろうが、他方で、海外子会社といっても、少数出資の場合等の場合には、法的手続の利用を回避する手立てが上手くいかない場合もありえ、そのような場合を見越すと、紛争解決のための条項を準備しておく必要がある。実際の経営管理契約に紛争解決条項を入れるかどうかは、海外子会社との関係を前提に判断し、場合によっては、規定しないという選択も十分あろう。紛争解決条項を入れる場合には、紛争解決手段として、裁判又は仲裁のいずれにより解決するか、仲裁の場所をどこにするか、どの仲裁ルールを選択するか、仲裁人の人数を何名とするか、仲裁人の権限に制約を課すか等について考慮の必要がある。なお、仲裁条項がある場合には、不用意に管轄条項を規定しないように注意する必要がある。

　親会社と海外子会社間の関係を前提とすると、紛争解決手段として裁判所を選択する可能性はないだろうと思われるが、仮に裁判所を選択する場合には、以下のような紛争解決条項を選択することとなろう。

All disputes, controversies or differences which may arise between the Parties hereto, out of or in relation to or in connection with this Agreement shall be subject to the exclusive jurisdiction of any court in the State of New York.
▷本契約から又は本契約に関連して、当事者の間に生ずることがある全ての紛争、論争又は意見の相違は、ニューヨーク州内のいずれかの裁判所の専属管轄権に服する。

⑿　一般条項

①　文例

Section 11 – General Provisions
▷第11条　一般規定

11.1　Force Majeure
No delay or failure in the performance of any obligation of a party to this Agreement（other than payment hereunder）shall constitute a default or a breach of this Agreement, to the extent that such delay or failure arises out of a cause which is beyond the reasonable control of the Party otherwise chargeable with the delay or failure, including, but not limited to, Acts of God, action or inaction of governmental, civil or military authority, fire, strike, lockout or other

43

labor dispute, flood, war, riot, earthquake or natural disaster (hereinafter, "Force Majeure Event"). The Party which cannot perform due to a Force Majeure Event shall take reasonable action to minimize the consequences of any such Force Majeure Event. Either Party desiring to rely upon a Force Majeure Event as an excuse for delay or failure in performance shall, when the Force Majeure Event arises, give to the other party prompt notice in writing of the facts which constitute such Force Majeure Event, and when the Force Majeure Event ceases to exist or no longer materially impairs the ability to perform, give prompt notice thereof to the other Party. In the event such Force Majeure Event delays the performance by the party claiming force majeure beyond ninety (90) days from the date such performance was due, either party may terminate this Agreement upon notice in writing.

▷ 11.1　不可抗力

本契約当事者の義務の履行（本契約に基づく支払いを除く）における遅延又は不履行は、当該遅延又は不履行が、当該遅延又は不履行について別途責任を負う当事者の合理的なコントロールを超える事由に起因する限りにおいて、本契約の債務不履行又は違反を構成しないものとする。当該事由には、天災地変、政府・民間又は軍事当局の作為又は不作為、火災、ストライキ、ロックアウトその他の労働紛争、洪水、戦争、暴動、地震又は自然災害を含むがこれらに限らない（「不可抗力事由」）。不可抗力事由を理由として履行することのできない当事者は、当該不可抗力事由の結果を最小化するために合理的な措置を講ずるものとする。履行における遅延又は不履行の免責理由として不可抗力事由に依拠することを希望する当事者は、当該不可抗力事由が発生した場合に、当該事由を構成する事実について、他方当事者に速やかに通知するものとし、当該不可抗力事由が消滅又は履行能力を重要な点において損なわなくなった場合に、他方当事者にその旨速やかに通知するものとする。当該不可抗力事由が、不可抗力を主張する当事者の履行を、当該履行の期日の後90日を超えて遅延させた場合には、いずれの当事者も書面の通知を行うことにより本契約を解除することができる。

11.2　No Waiver

The failure or delay of either Party of requiring the performance of any obligations of this Agreement by the other Party shall not be deemed to constitute a waiver of any right thereafter to require the performance of such obligations or any other obligations of this Agreement. Any waiver shall be expressly made in writing.

▷ 11.2　権利不放棄

当事者の一方が、相手方による本契約の義務の履行を要求せず、又は要求が

遅れたとしても、このことは、その後に当該義務又は他の義務の履行を要求する権利を放棄したとはみなされない。いかなる権利放棄も、書面により明示されなければならない。

11.3　Subject Headings

The subject headings of this Agreement are included for purposes of convenience only and shall not affect the construction or interpretation of any of its provisions.

▷ 11.3　表題
本契約の表題は、便宜のために含まれているものであり、いかなる既定の解釈にも影響しない。

11.4　Severability

In the event that any provision hereof is found invalid or unenforceable pursuant to a final judicial decree or decision, the remainder of this Agreement will remain valid and enforceable according to its terms.　In the event of such partial invalidity, the Parties shall seek in good faith to agree on replacing any such legally invalid provisions with provisions which, in effect, will most nearly and fairly approach the effect of the invalid provision.

▷ 11.4　分離可能性
最終的な司法の評決又は決定により、いずれかの規定が無効又は執行不可能となる場合でも、本契約のその余の規定は、それぞれの契約条件に応じて、有効かつ執行可能である。部分的無効が生じる場合、当事者は、誠意をもって、法的には無効な規定を、無効な規定の法的効果に相当程度に近似する規定に置き換えることを合意する。

11.5　Language of the Contract

The Parties agree that the English language shall be the language of interpretation of this Agreement.　This Agreement may be executed in two or more counterparts, each of which shall be deemed an original, but all of which together constitute one and the same instrument.

▷ 11.5　契約の言語
当事者は、本契約の解釈言語が英語であることに合意する。本契約は、2又はそれ以上の副本で締結され、各々の副本は、原本とみなされるが、当該副本全ては、1個の、かつ同一の文書を構成する。

11.6　Notices

All notices, reports, invoices, and other communications between the Parties shall be in writing and sent by facsimile or email, by registered mail, postage prepaid and return receipt requested, or by overnight courier. All such communications shall be sent to a Party at such address of which the receiving Party has given prior notice to the sending Party. All such communications will be effective upon receipt by the sender of confirmation of the delivery, or where no such confirmation is possible, when received.

▷ 11.6　　通知

全ての通知、報告、請求書及び当事者間の全ての通信は書面でなされ、ファクシミリ又は電子メール、書留郵便、先払郵便により返信要求のある郵便、又は翌日配達便により送信される。全てのそのような通信は、受領当事者が送信当事者に対して事前に通知している住所に対して送付する。全ての通信は、配達確認の送信が受領された時点、又はそのような確認が可能ではない場合には、受領時点で効力を生じる。

11.7　　Entire Agreement and Amendments

This Agreement, together with Exhibit A and B attached hereto, constitutes the entire agreement between the Parties, and supersedes all prior agreements, understandings and communications between the Parties with respect to the subject matter hereof. No modification or amendment to this Agreement shall be effective unless in writing and executed by the duly authorized representative of each of the Parties.

▷ 11.7　　全体合意及び修正

別紙A及びBとともに、本契約は、当事者間の完全合意を構成し、主題に関する当事者間の以前の合意、理解及び通信に優先する。書面かつ当事者の権限のある代表者により締結されたものでなければ、本契約の修正又は改定は効力を生じない。

② 解説

一般条項についての規定である。

11.1は不可抗力条項である。親会社の所在地法である日本法を準拠法と定めることができる場合には、必ずしも必須の条項ではないであろうが、海外子会社との調整の結果、日本法が必ず選択される保証はなく、上記のようにカリフォルニア州法をはじめとする英米法体系の法律が準拠法となる可能性もある。英米法では無過失責任原則を採用しており、当事者に過失がなくても責任を問われるため、英米法体系を前提とする場合、当事者のコントロール外の事由により履行することができなかった場合であっても、原則として

厳格に責任を問われる。不可抗力条項は、そのような場面において当事者の責任を限定する意味合いがある。また、日本法前提の場合でも、不可抗力の場合の法律関係を明確化する必要がある。

11.2 は権利不放棄について定める。11.1 同様、準拠法を日本法とすることに成功すれば、必ずしも必要のない条項であるが、他方で、買収により海外法人を子会社化するような場合には、英米法体系を前提とする法体系を準拠法とせざるを得ない場合もある。英米法体系では、本来契約上有する権利であってもそれを行使しない状態が継続し、相手方がそのことを信頼するようになった場合に、禁反言（estoppel）の法理に基づきその権利を行使できなくなるというルールがある。このような考え方やルールが適用されないことを明確化するためにも、権利不放棄（権利非放棄）を規定しておく必要がある。

11.3 は表題の法的意味を確認する。なお、「解釈」という日本語に対応する英語として interpret と construe とを比較した場合、interpret は文言の客観的意味が問題となるのに対して（文理解釈）、construe は法の目的や契約全体の趣旨に照らした文言の意味が問題となる（目的論的解釈）ため、契約書で使用する言葉としては、construe が選択されることが多い傾向にあるとはいえるが、法的効果という点からは、いずれを選択しても相違はない。

11.4 は、分離可能性を定める。分離可能性条項とは、例えば準拠法に基づき何らかの理由により契約中の 1 つの条項が違法又は無効となった場合に、契約中の他の条項も自動的に全部無効とはせずに、違法・無効な 1 つの条項のみを全体から切り離し、契約の他の部分は生かすという趣旨を示す条項である。

11.5 は、本契約の主言語が英語であること、契約作成の際の副本の扱いについて定める。英文契約書であっても、通常は、当事者の数に相当する数の契約書を作成し、それぞれの契約書に当事者全員が署名し、各当事者が 1 通ずつ保管するというのが通常であるが、他方で、海外の当事者とのやり取りでは、契約の締結にあたり、郵送や直接の会合によらず、電子メールやファクシミリのやり取りで締結することもまま見受けられるところであり、コロナ環境では寧ろこのような例のほうが多数を占めると思われる。このような傾向は、海外子会社との経営管理契約の締結に際しても例外ではないだろう。電子メールやファクシミリにより締結することを前提とする場合には「本契約書は、各自が署名した文書を、PDF にして電子メールに添付するこ

とによって、又はファクシミリの送受信によっても締結することができる（This Agreement may be executed in two counterparts and may be transmitted by email to which a pdf copy is attached or by facsimile, each of which shall be deemed an original and which together shall constitute one instrument）」という文言を入れることも選択肢であろう。

　11.7 条は、英米法体系の法律が準拠法の場合に意味を有する条項である。英文契約の完全合意条項は、英米法上の口頭証拠排除原則（parol evidence rule）を裏から述べたものである。なお、米国法の契約法では、完全合意条項は、契約書面中に規定されている内容が当事者の合意のすべてを構成することの終局的な証拠とはならず、契約書が当事者の合意のすべてを構成しているか否かを判断する一材料に過ぎず、契約が当事者間の合意のすべてを構成しているかどうかは、裁判官の事実認定の問題になる。また、仮に、完全合意条項を挿入することで、契約のみが当事者間の合意の全てを構成していることについて、裁判官を説得できたとしても、契約書の文言に曖昧さが残っている場合には、外部証拠を提出することは許容される。完全合意条項を入れることは、外部証拠を排除する上で有益ではあるが、当該条項を入れたとしても、契約書の解釈に曖昧さを残さないようにする必要があろう。

⒀　別紙 A
①　文例

Exhibit A
▷別紙 A

1. Matters to be resolved at general shareholder meeting of B Company
▷ 1. B 社の株主総会決議事項

No	Specific services ▷具体的業務	Application / Reporting ▷申請又は報告の要否	Frequency ▷頻度	From ▷書式
1-1	Approval to resolution at shareholder meeting	Prior application (mandatory) ▷事前申請（必須）	As needed ▷都度	NA ▷任意書式

	▷株主総会決議事項に対する承認			
1-2	Approval to matters to be reported to shareholder meeting ▷株主総会報告事項に対する承認	Prior application (mandatory) ▷事前申請（必須）	As needed ▷都度	NA ▷任意書式

2. Matters in relation to B Company to be decided at group management committee of A Company
▷ 2. A 社にて設置したグループ経営管理委員会審議事項で B 社に関する事項

No	Specific services ▷具体的業務	Application / Reporting ▷申請又は報告の要否	Frequency ▷頻度	From ▷書式
2-1	Consultation to matters in relation to B Company to be decided at group management committee at A Company ▷ A 社にて設置したグループ経営管理委員会審議事項で B 社に関する事項についての相談	Reporting and/or engaged in coordination with A Company upon request ▷要請に応じて報告及び／又は A 社と意見調整	As needed ▷都度	NA ▷任意書式

3. General management of B Company
▷ 3. B 社の経営全般に関する事項

3-1. Preparation and amendment of regulations and internal rules
▷ 3-1. 規則及び規程の制定及び改訂

No	Specific services ▷具体的業務	Application / Reporting ▷申請又は報告の要否	Frequency ▷頻度	From ▷書式
3-1-1	Approval to preparation and amendment of regulations and internal rules ▷規則及び規程の制定及び改訂対する承認	Prior application (mandatory) ▷事前申請（必須）	As needed ▷都度	NA ▷任意書式

3-2. Brand management
▷ 3-2. ブランド管理

No	Specific services ▷具体的業務	Application / Reporting ▷申請又は報告 の要否	Frequency ▷頻度	From ▷書式
3-2 -1	Approval to usage of group brand logo and trademark, and response to infringement to group brand log and trademark ▷グループブランドのロゴ及び商標の使用及びグループグランドのロゴ及び商標侵害に対する対応に対する承認	Prior application (mandatory) ▷事前申請（必須）	As needed ▷都度	NA ▷任意書式
3-2 -2	Consultation to advertisement and campaign ▷広告及び宣伝内容についての相談	Prior consultation (voluntary) ▷事前相談（任意）	As needed ▷都度	NA ▷任意書式

3-3. Internal control to financial reporting
▷ 3-3. 財務報告に対する内部統制

No	Specific services ▷具体的業務	Application / Reporting ▷申請又は報告 の要否	Frequency ▷頻度	From ▷書式
3-3 -1	Approval to how to deal with internal control requirement to financial reporting ▷財務報告に対する内部統制の対応方針について承認	Prior application (mandatory) ▷事前申請（必須）	As needed ▷都度	NA ▷任意書式

3-3 -2	Consultation and giving guidance to how to further deal with internal control requirement to financial reporting ▷財務報告の内部統制の対応につき相談・指導	Ex post facto report（mandatory）▷事後報告（必須）	As needed ▷都度	NA ▷任意書式

3-4. Application, notification and reporting to the relevant authority
▷ 3-4. 当局に対する申請、届出及び報告

No ▷具体的業務	Specific services	Application / Reporting ▷申請又は報告の要否	Frequency ▷頻度	From ▷書式
3-4 -1	Approval to application, notification and reporting to the relevant authority ▷当局に対する申請、届出及び報告に対する承認	Prior application（mandatory）▷事前申請（必須）	As needed ▷都度	NA ▷任意書式

3.5. Accounting
▷ 3-5. 会計処理

No ▷具体的業務	Specific services	Application / Reporting ▷申請又は報告の要否	Frequency ▷頻度	From ▷書式
3-5 -1	Approval to accounting process as different from group accounting standard or regulations and internal rules ▷グループ基準、規則又は内部規程と異なる会計処理に対する承認	Prior application（mandatory）▷事前申請（必須）	As needed ▷都度	Standard form XX ▷標準書式 XX

3-5 -2	Consultation to decide scope of consolidated accounting ▷連結会計の対象判定についての相談	Ex post facto report (mandatory) ▷事後報告（必須）	As needed ▷都度	NA ▷任意書式

4. Financial and capital policy and management planning and strategy of B Company

▷ 4.B 社の資本政策並びに経営計画及び戦略に関する事項

4-1. Corporate planning

▷ 4-1 経営企画

No	Specific services ▷具体的業務	Application / Reporting ▷申請又は報告の要否	Frequency ▷頻度	From ▷書式
4-1 -1	Approval to revenue planning ▷収益計画に対する承認	Prior application (mandatory) ▷事前申請（必須）	As needed ▷都度	NA ▷任意書式
4-1 -2	Approval to cost planning ▷経費計画に対する承認	Prior application (mandatory) ▷事前申請（必須）	As needed ▷都度	NA ▷任意書式
4-1 -3	Consultation to progress of management to revenue and cost planning ▷収益計画及び経費計画に対する進捗管理状況に対する相談	Ex post facto report (voluntary) ▷事後報告（任意）	As needed ▷都度	NA ▷任意書式
4-1 -4	Approval to appropriation to surplus ▷剰余金処分に対する承認	Prior application (mandatory) ▷事前申請（必須）	As needed ▷都度	NA ▷任意書式

4-1 -5	Approval to preparation of management to risk asset planning ▷リスク資産管理計画に対する承認	Prior application (mandatory) ▷事前申請（必須）	As needed ▷都度	NA ▷任意書式
4-1 -6	Consultation and giving guidance to any matters needed for execution of business and operational management ▷業務及び運営管理遂行上の必要事項につき相談及び指導	Voluntary consultation ▷任意相談	As needed ▷都度	NA ▷任意書式

4-2. Capital management
▷ 4-2 資金管理

No ▷具体的業務	Specific services	Application / Reporting ▷申請又は報告の要否	Frequency ▷頻度	From ▷書式
4-2 -1	Approval to fundamental strategy for capital operation and financing ▷資金運用及び調達に関する基本戦略に対する承認	Prior application (mandatory) ▷事前申請（必須）	As needed ▷都度	NA ▷任意書式
4-2 -2	Approval to execution planning for capital operation and financing ▷資金運用及び調達の実行計画に対する承認	Prior application (mandatory) ▷事前申請（必須）	As needed ▷都度	NA ▷任意書式
4-2 -3	Consultation and giving guidance to any matters needed for execution of business and operational management ▷業務及び運営管理遂行上の必要事項につき相談及び指導	Voluntary consultation ▷任意相談	As needed ▷都度	NA ▷任意書式

4-3. Business planning and operational strategy
▷ 4-3. 事業計画及び業務戦略

No	Specific services ▷具体的業務	Application / Reporting ▷申請又は報告 の要否	Frequency ▷頻度	From ▷書式
4-3 -1	Approval to entry into new important business or withdrawal from existing business ▷重要事業への新規参入又は撤退に対する承認	Prior application (mandatory) ▷事前申請（必須）	As needed ▷都度	NA ▷任意書式
4-3 -2	Approval to conclusion or termination of important business alliance ▷重要な業務提携の締結又は解消	Prior application (mandatory) ▷事前申請（必須）	As needed ▷都度	NA ▷任意書式
4-3 -3	Approval to important decision in executing business planning and operational strategy ▷事業計画及び業務戦略遂行上の重要な決定に対する承認	Prior application (mandatory) ▷事前申請（必須）	As needed ▷都度	NA ▷任意書式
4-3 -4	Consultation and giving guidance to any matters needed for execution of business and operational management ▷業務及び運営管理遂行上の必要事項につき相談及び指導	Voluntary consultation ▷任意相談	As needed ▷都度	NA ▷任意書式

4-4. Risk management
▷ 4-4. リスク管理

4-4-1. Risk management and operation
▷ 4-4-1. リスク管理及び運用

4-4-1-1. Overall risk management and operation
▷ 4-4-1-1. リスク管理及び運用全般

No	Specific services ▷具体的業務	Application / Reporting ▷申請又は報告 の要否	Frequency ▷頻度	From ▷書式
4-4-1-1-1	Consultation and giving guidance to establishment, change or abolishment of risk management and operation organization ▷リスク管理及び運営に関する組織の設置、変更又は廃止に対する相談及び指導	Voluntary consultation ▷任意相談	As needed ▷都度	NA ▷任意書式
4-4-1-1-2	Consultation and giving guidance to annual or middle/long term risk management policy ▷年次又は中期／長期のリスク管理方針に対する相談及び指導	Ex post facto report (mandatory) ▷事後報告（必須）	Semi annual ▷半期	Standard form YY ▷標準書式YY
4-4-1-1-3	Approval to preparation, revision or abolishment of important internal rules for risk management and operation ▷リスク管理及び運用に関わる重要な内部規程の制定、改訂又は廃止に対する承認	Prior application (mandatory) ▷事前申請（必須）	As needed ▷都度	NA ▷任意書式
4-4-1-1-4	Consultation and giving guidance to preparation, revision or abolishment of important internal rules for risk management and operation（other than listed in 4-4-1-1-3) ▷リスク管理及び運用に関わる重要な内部規程（4-4-1-1-3に掲げるもの以外）の制定、改訂又は廃止に対する相談及び指導	Ex post facto report (voluntary) ▷事後報告（任意）	As needed ▷都度	NA ▷任意書式

4-4-1-1-5	Consultation and giving advice/feedback to summary of discussion at board meeting and other committee meeting in connection with risk management and operation ▷取締役会及びその他の委員会におけるリスク管理及び運営についての議論要旨に基づく相談及び助言・フィードバック	Ex post facto report (mandatory) ▷事後報告（必須）	Quarterly ▷四半期	NA ▷任意書式
4-4-1-1-6	Consultation and giving advice/feedback to summary of internal audit and report to external auditor ▷内部監査及び監査法人宛報告要旨に対する相談及び助言・フィードバック	Ex post facto report (voluntary) ▷事後報告（任意）	As needed ▷都度	NA ▷任意書式

4-4-1-2. Market risk management
▷ 4-4-1-2. 市場リスク管理

No	Specific services ▷具体的業務	Application / Reporting ▷申請又は報告の要否	Frequency ▷頻度	From ▷書式
4-4-1-2-1	Consultation and giving guidance to establishment, change or abolishment of rules and procedure and/or organization relating to market risk management and operation ▷市場リスクの管理及び運用に関する規則及び手続、並びに／又は組織の、策定、変更及び廃止について相談及び指示	Voluntary consultation ▷任意相談	As needed ▷都度	NA ▷任意書式

| 4-4-1-2-2 | Consultation and giving guidance to progress of management and operation to market risk ▷市場リスク管理及び運用の進捗状況に対する相談及び指導 | Ex post facto report (mandatory) ▷事後報告（必須） | Semi annual ▷半期 | Standard form YYY ▷標準書式YYY |

4-4-1-3. Funding liquidity risk management
▷ 4-4-1-3. 資金流動性リスク管理

No ▷具体的業務	Specific services	Application / Reporting ▷申請又は報告の要否	Frequency ▷頻度	From ▷書式
4-4-1-3-1	Consultation and giving guidance to establishment, change or abolishment of rules and procedure and/or organization relating to funding liquidity risk management and operation ▷資金流動性リスクの管理及び運用に関する規則及び手続、並びに／又は組織の、策定、変更及び廃止について相談及び指示	Voluntary consultation ▷任意相談	As needed ▷都度	NA ▷任意書式
4-4-1-3-2	Consultation and giving guidance to progress of management and operation to funding liquidity risk management ▷資金流動性リスク管理及び運用の進捗状況に対する相談及び指導	Ex post facto report (mandatory) ▷事後報告（必須）	Semi annual ▷半期	Standard form YYYR ▷標準書式YYYR

4-4-1-4. Cross shareholding
▷ 4-4-1-4. 政策投資株式

No	Specific services ▷具体的業務	Application / Reporting ▷申請又は報告の要否	Frequency ▷頻度	From ▷書式
4-4-1-4-1	Consultation and giving guidance to status of cross shareholding ▷政策投資株式の現状について相談及び指導	Ex post facto report (mandatory) ▷事後報告（必須）	Monthly ▷月次	NA ▷任意書式

4-4-1-5. Operational risk management
▷ 4-4-1-5. オペレーショナルリスク管理

No	Specific services ▷具体的業務	Application / Reporting ▷申請又は報告の要否	Frequency ▷頻度	From ▷書式
4-4-1-5-1	Consultation and giving guidance to losses incurred due to operational risk ▷オペレーショナルリスクにより生じた損失に対する相談及び指導	Ex post facto report (mandatory) ▷事後報告（必須）	Monthly ▷月次	NA ▷任意書式
4-4-1-5-2	Consultation and giving guidance to status of ongoing litigation, arbitration or other legal proceedings ▷訴訟、仲裁又はその他の法的手続の現状に対する相談及び指導	Voluntary consultation ▷任意相談	As needed ▷都度	NA ▷任意書式
4-4-1-5-3	Consultation and giving guidance to status of internal investigation to identified fraud	Voluntary consultation ▷任意相談	As needed ▷都度	NA ▷任意書式

	▷特定された不正事案に対する社内調査の現状に対する相談及び指導			
4-4-1-5-4	Consultation and giving guidance to incident reported to supervising authority or investigated by government investigative body ▷監督官庁に報告され又は政府調査機関により捜査対象となっている事象の現状について相談及び指導	Ex post facto report (mandatory) ▷事後報告（必須）	As needed ▷都度	NA ▷任意書式
4-4-1-5-5	Consultation and giving guidance to serious incident (other than listed in 4-4-1-5-3 and 4-4-1-5-4) ▷重大事象についての相談及び指導（4-4-1-5-3 及び 4-4-1-5-4 に掲げられたもの以外）	Voluntary consultation ▷任意相談	As needed ▷都度	NA ▷任意書式

4-4-1-6. Administrative risk management
▷ 4-4-1-6.事務リスク管理

No	Specific services ▷具体的業務	Application / Reporting ▷申請又は報告の要否	Frequency ▷頻度	From ▷書式
4-4-1-6-1	Consultation and giving guidance to status of administrative risk management ▷事務リスクの管理状況について相談及び指導	Ex post facto report (mandatory) ▷事後報告（必須）	Semi annual ▷半期	NA ▷任意書式
4-4-1-6-2	Consultation and giving guidance to status of individual incident case caused by administrative risk ▷事務リスクにより生じた個別事象について相談及び指導	Ex post facto report (mandatory) ▷事後報告（必須）	Quarterly ▷四半期	NA ▷任意書式

4-4-1-7. Information asset risk management
▷ 4-4-1-7. 情報資産リスク管理

No	Specific services ▷具体的業務	Application / Reporting ▷申請又は報告 の要否	Frequency ▷頻度	From ▷書式
4-4-1-7-1	Consultation and giving guidance to status of information asset risk management ▷情報資産リスクの管理状況について相談及び指導	Ex post facto report (mandatory) ▷事後報告（必須）	Semi annual ▷半期	NA ▷任意書式
4-4-1-7-2	Consultation and giving guidance to individual incident case of data leakage and breach ▷個別の情報漏洩・流出事象ついて相談及び指導	Ex post facto report (serious case should be reported promptly) (mandatory) ▷事後報告（深刻事象については即時報告）(必須)	Monthly ▷月次	NA ▷任意書式
4-4-1-7-3	Consultation and giving guidance to individual incident case of system troubles ▷個別のシステム障害事象ついて相談及び指導	Ex post facto report (serious case should be reported promptly) (mandatory) ▷事後報告（深刻事象については即時報告）(必須)	Monthly ▷月次	NA ▷任意書式

4-4-1-8. Reputation risk
▷ 4-4-1-8. 評判リスク

No	Specific services ▷具体的業務	Application / Reporting ▷申請又は報告 の要否	Frequency ▷頻度	From ▷書式

4-4-1-8-1	Consultation and giving guidance to specific incident case causing reputational damage ▷評判を損なう個別事象についての相談及び指導	Ex post facto report (mandatory) ▷事後報告（必須）	As needed ▷都度	NA ▷任意書式
4-4-1-8-2	Consultation and giving guidance/advice to press release or response to inquiries from mass media in relation to specific incidental matter causing reputation damage ▷評判を損なう個別事案に関連したプレスリリース又はマスコミへの対応について相談又は指導・助言	Prior application (mandatory) ▷事前申請（必須）	As needed ▷都度	NA ▷任意書式

4-4-1-9. Crisis management
▷ 4-4-1-9. 危機管理

No	Specific services ▷具体的業務	Application / Reporting ▷申請又は報告の要否	Frequency ▷頻度	From ▷書式
4-4-1-9-1	Consultation and giving guidance to status of dealing with crisis management ▷危機管理の対応状況についての相談及び指導	Ex post facto report (mandatory) ▷事後報告（必須）	Quarterly ▷四半期	NA ▷任意書式

4-4-1-10. Personal information protection
▷ 4-4-1-10. 個人情報保護

No	Specific services ▷具体的業務	Application / Reporting ▷申請又は報告の要否	Frequency ▷頻度	From ▷書式

4-4- 1-10- 1	Consultation and giving guidance to status of personal information protection system management ▷個人情報保護体制の管理状況について相談及び指導	Ex post facto report (mandatory) ▷事後報告（必須）	As needed ▷都度	NA ▷任意書式

4-4-1-11. Overall risk management
▷ 4-4-1-11. リスク管理全般

No	Specific services ▷具体的業務	Application / Reporting ▷申請又は報告の要否	Frequency ▷頻度	From ▷書式
4-4- 1-11- 1	Consultation and giving guidance to overall risk management ▷リスク管理全般について相談及び指導	Ex post facto report (mandatory) ▷事後報告（必須）	As needed ▷都度	NA ▷任意書式

4-4-2. Reputational risk management
▷ 4-4-2. 信用リスク管理

No	Specific services ▷具体的業務	Application / Reporting ▷申請又は報告の要否	Frequency ▷頻度	From ▷書式
4-4- 2-1	Consultation and giving guidance to establishment, change or abolishment of regulation and internal rules concerning management and operation of reputational risk and cross shareholding ▷信用リスク及び政策投資株式の管理・運用に関する規則又は内部規程の制定、変更又は廃止に対する相談及び指導	Voluntary consultation ▷任意相談	As needed ▷都度	NA ▷任意書式

4-4-2-2	Consultation and giving guidance/advice to outcome of discussion at committee in connection with reputational risk or management and operation of cross shareholding ▷信用リスク又は政策投資株式の運用・管理を議論する委員会の審議結果について相談又は指導・助言	Voluntary consultation ▷任意相談	As needed ▷都度	NA ▷任意書式
4-4-2-3	Consultation and giving guidance to reputational incident matter pointed by/reported to supervising authority or investigated by government investigative body ▷監督官庁に指摘又は報告され若しくは政府調査機関により捜査対象となっている信用リスク事象についての相談及び指導	Ex post facto report（mandatory）▷事後報告（必須）	As needed ▷都度	NA ▷任意書式
4-4-2-4	Consultation and giving guidance to management of subsidiary ▷子会社の管理状況について相談及び指導	Voluntary consultation ▷任意相談	As needed ▷都度	NA ▷任意書式
4-4-2-5	Consultation and giving guidance to management to transaction with large customers ▷大口顧客との取引状況に対する相談及び指導	Voluntary consultation ▷任意相談	As needed ▷都度	NA ▷任意書式
4-4-2-6	Consultation and giving guidance to status and progress of bad debt	Voluntary consultation ▷任意相談	As needed ▷都度	NA ▷任意書式

		▷不良債権の管理及び処理条項に対する相談及び指導			
4-4-2-7	Consultation and giving guidance to cost management and progress of cost planning ▷コスト管理及びコスト計画の進捗に対する相談及び指導	Ex post facto report (mandatory) ▷事後報告（必須）	Quarterly ▷四半期	NA ▷任意書式
4-4-2-8	Consultation and giving guidance to status of cross shareholding ▷政策投資株式の保有状況に対する相談及び指導	Ex post facto report (mandatory) ▷事後報告（必須）	Monthly ▷月次	NA ▷任意書式

5. Intragroup trade of XX Group and collaboration with B Company to increase efficiency among XX Group
▷ 5. XX グループ内取引及び XX グループ内の業務効率向上のための B 社との協業に関する事項

No	Specific services ▷具体的業務	Application / Reporting ▷申請又は報告の要否	Frequency ▷頻度	From ▷書式
5-1	Consultation to increase efficiency of XX Group ▷ XX グループ全体の業務効率向上に向けた相談	Voluntary consultation ▷任意相談	As needed ▷都度	NA ▷任意書式

6. Introduction and implementation of effective compliance program
▷ 6. 実効的なコンプライアンス・プログラムの導入及び運用に関する事項

6-1. Introduction of compliance program
▷ 6-1. コンプライアンス・プログラムの導入

No	Specific services ▷具体的業務	Application / Reporting ▷申請又は報告の要否	Frequency ▷頻度	From ▷書式

6-1 -1	Approval to introduction, or amendment of compliance program（note that this will include a whistle blowing system） ▷コンプライアンス・プログラム（内部通報制度を含む）の導入及び改訂に対する承認	Prior application（mandatory） ▷事前申請（必須）	As needed ▷都度	NA ▷任意書式
6-1 -2	Approval to introduction, or amendment of guidelines/compliance manual ▷ガイドライン・コンプライアンスマニュアルの導入及び改訂に対する承認	Prior application（mandatory） ▷事前申請（必須）	As needed ▷都度	NA ▷任意書式
6-1 -3	Consultation and giving guidance to compliance training ▷コンプライアンス・トレーニングの内容に対する相談及び指導	Prior application（mandatory） ▷事前申請（必須）	As needed ▷都度	NA ▷任意書式
6-1 -4	Consultation and giving guidance to compliance audit planning ▷コンプライアンス監査実施計画に対する相談及び指導	Prior application（mandatory） ▷事前申請（必須）	As needed ▷都度	NA ▷任意書式
6-1 -5	Consultation and giving guidance to introduction/amendment to policy and procedure to protect attorney-client privilege ▷弁護士依頼者間秘匿特権保護のための方針及び手続の導入・変更に対する相談及び指導	Prior application（mandatory） ▷事前申請（必須）	As needed ▷都度	NA ▷任意書式

6-1 -6	Consultation and giving guidance to establishment/ amendment to division/ organization in charge of compliance program ▷コンプライアンス・プログラム担当部署・組織の創設・変更に対する相談及び指導	Prior application (mandatory) ▷事前申請（必須）	As needed ▷都度	NA ▷任意書式
6-1 -7	Consultation and giving guidance to appointment/ replacement of personnel in charge of compliance program ▷コンプライアンス・プログラムの担当者の選任・変更に対する相談及び指導	Prior application (mandatory) ▷事前申請（必須）	As needed ▷都度	NA ▷任意書式

6-2.　Operation of compliance program
▷ 6-2. コンプライアンス・プログラムの運用

No	Specific services ▷具体的業務	Application / Reporting ▷申請又は報告の要否	Frequency ▷頻度	From ▷書式
6-2 -1	Consultation and giving guidance to operation of compliance program ▷コンプライアンス・プログラムの運用状況につき相談及び指導	Ex post facto report (mandatory) ▷事後報告（必須）	Quarterly ▷四半期	NA ▷任意書式
6-2 -2	Consultation and giving guidance to outcome of compliance training ▷コンプライアンス・トレーニングの実施結果に対する相談及び指導	Ex post facto report (mandatory) ▷事後報告（必須）	After training ▷トレーニング実施後	NA ▷任意書式

6-2 -3	Consultation and giving guidance to whistleblowing system ▷内部通報制度の運用状況に対する助言及び指導	Ex post facto report（mandatory） ▷事後報告（必須）	Quarterly ▷四半期	NA ▷任意書式
6-2 -4	Consultation and giving guidance to compliance audit ▷コンプライアンス監査に対する相談及び指導	Ex post facto report（mandatory） ▷事後報告（必須）	As needed ▷都度	NA ▷任意書式
6-2 -5	Consultation and giving guidance to incident case investigated by / reported to supervising body / investigation authority ▷監督官庁・捜査機関の捜査対象となっている、あるいは報告した事象に対する相談及び指導	Ex post facto report（mandatory） ▷事後報告（必須）	Monthly ▷月次	NA ▷任意書式
6-2 -6	Consultation and giving guidance to pending litigation, arbitration or legal proceeding case ▷係属している訴訟、仲裁又は法的手続案件に対する相談及び指導	Ex post facto report（mandatory） ▷事後報告（必須）	Quarterly ▷四半期	NA ▷任意書式
6-2 -7	Consultation and giving guidance to what has been reported/ discussed at board meeting with respect to operation of compliance program ▷コンプライアンス・プログラムの運用に関連して取締役会に報告され、又は議論された事項に対する相談及び指導	Ex post facto report（mandatory） ▷事後報告（必須）	As needed ▷都度	NA ▷任意書式

7. Accounting process and financial reporting of B Company and cooperation to preparation of consolidated financial statements
▷ 7. Ｂ社における会計処理及び財務報告並びに連結財務諸表作成への協力に関する事項

7-1. Accounting process and financial reporting of B Company
▷ 7-1. Ｂ社における会計処理及び財務報告

No	Specific services ▷具体的業務	Application / Reporting ▷申請又は報告の要否	Frequency ▷頻度	From ▷書式
7-1 -1	Consultation and giving guidance to accounting and financial status ▷会計及び財務状況に対する相談及び指導	Ex post facto report （mandatory） ▷事後報告（必須）	Monthly ▷月次	NA ▷任意書式

7-2. Cooperation of consolidated financial statement
▷ 7-2. 連結財務諸表作成への協力

No	Specific services ▷具体的業務	Application / Reporting ▷申請又は報告の要否	Frequency ▷頻度	From ▷書式
7-2 -1	Approval to response to request for information from accounting firm to prepare consolidated statement ▷連結財務諸表作成に向けた会計事務所からの情報要求に対する回答について承認	Prior application （mandatory） ▷事前申請（必須）	As needed ▷都度	NA ▷任意書式

7-3. Internal control audit
▷ 7-3. 内部監査

No	Specific services ▷具体的業務	Application / Reporting ▷申請又は報告の要否	Frequency ▷頻度	From ▷書式

7-3 -1	Consultation and giving guidance to introduction/ revisions to internal rules of internal control ▷内部監査に関する規程類の制定・改訂に対する相談及び指導	Prior application (mandatory) ▷事前申請（必須）	As needed ▷都度	NA ▷任意書式
7-3 -2	Consultation and giving guidance to introduction/ revisions to　internal control audit planning ▷内部監査実施計画の導入又は改訂に対する相談及び指導	Prior application (mandatory) ▷事前申請（必須）	As needed ▷都度	NA ▷任意書式
7-3 -3	Consultation and giving guidance to establishment, or change to organization in charge of internal control ▷内部監査担当部署の創設、又は変更に対する相談及び指導	Prior application (mandatory) ▷事前申請（必須）	As needed ▷都度	NA ▷任意書式
7-3 -4	Approval to response to request for information from accounting firm to prepare internal control audit report ▷内部統制監査報告書作成に向けた会計事務所からの情報要求に対する回答について承認	Prior application (mandatory) ▷事前申請（必須）	As needed ▷都度	NA ▷任意書式
7-3 -5	Consultation and giving guidance to status of response to proposal for improvement as pointed out through internal audit report ▷内部統制監査報告書にて指摘された改善提案に対する対応状況につき相談及び指導	Voluntary consultation ▷任意相談	As needed ▷都度	NA ▷任意書式

7-3 -6	Consultation and giving guidance to outcome of hearing to audited divisions/ organization ▷監査対象部署・組織に対するヒアリング結果に対する相談及び指導	Voluntary consultation ▷任意相談	As needed ▷都度	NA ▷任意書式
7-3 -7	Consultation and giving guidance to feedback from accounting firm based on internal control audit ▷内部統制監査に基づく会計事務所からのフィードバックに対する相談及び指導	Voluntary consultation ▷任意相談	As needed ▷都度	NA ▷任意書式
7-3 -8	Consultation and giving guidance to reporting of incident case to supervising authority ▷不祥事事象の監督官庁に対する報告に対する相談及び指導	Prior application (mandatory) ▷事前申請（必須）	As needed ▷都度	NA ▷任意書式
7-3 -9	Consultation and giving guidance to materials of incident case to be submitted to supervising authority ▷不祥事事象について監督官庁に提出する書類に対する相談及び指導	Prior application (mandatory) ▷事前申請（必須）	As needed ▷都度	NA ▷任意書式

8. Matters to be resolved and/or reported at board meeting of B Company
▷ 8. B社の取締役会決議又は報告事項

No	Specific services ▷具体的業務	Application / Reporting ▷申請又は報告の要否	Frequency ▷頻度	From ▷書式

| 8-1 | Consultation and giving to guidance to items discussed/ adopted at board meeting ▷取締役会報告・決議事項に対する相談及び指導 | Voluntary consultation ▷任意相談 | As needed ▷都度 | NA ▷任意書式 |

9. Any matters, other than listed 1 through 8, needed for prior consultation or ex post facto report
▷ 9.1〜8 以外で事前相談又は事後報告が必要とされている事項

No	Specific services ▷具体的業務	Application / Reporting ▷申請又は報告の要否	Frequency ▷頻度	From ▷書式
9-1	Consultation and giving guidance to any matters needed to be reported to A Company ▷Ａ社に対する必要的報告事項に対する相談及び指導	Ex post facto report （mandatory） ▷事後報告（必須）	As needed ▷都度	NA ▷任意書式

10. Any matters as agreed upon between the Parties
▷ 10. 当事者にて合意された事項

No	Specific services ▷具体的業務	Application / Reporting ▷申請又は報告の要否	Frequency ▷頻度	From ▷書式
10-1	Consultation and giving to guidance to any matters agreed up by both parties ▷当事者にて合意された事項に対する相談及び指導	Voluntary consultation ▷任意相談	As needed ▷都度	NA ▷任意書式

② 解説

経営管理の対象について定める。一般的な経営管理の対象事項は、実効的なコンプランス・プログラムの導入及び運用を含む1～9の各事項が挙げられるが、具体的な経営管理事項は親会社の方針や親会社と海外子会社との関係によって範囲が異なるところであり、各社により個別に検討を要する。海外子会社を一元管理する方針の場合には、これらに加えて親会社の稟議・決裁基準に照らして該当する子会社案件についても親会社の稟議・決裁手続を履行させるべく経営管理の対象とすることも考えられる。海外子会社を買収して子会社化する場合には、買収直後に子会社の経営の詳細を把握するのは困難であるため、基本的な枠組み業務のみを前提に別紙Aを作成し、後日改訂を要することも予想される。経営管理の方法として、別紙Aのような具体的業務の特定をする前提として、親会社及び海外子会社双方に、これを社内で具体的に運用するための社内規程が必要となろう。本書では詳細は扱わないが、経営管理契約を運用する前提環境の一環と位置付けることができる。なお、経営管理のためには、親会社及び海外子会社間の報告・連絡・相談が多く発生すると思われるが、コンプライアンスに関する通信については、弁護士依頼者間秘匿特権の適用対象になるよう配慮したほうが良いであろう。日本には弁護士依頼者間秘匿特権が存在しないことから、日本の子会社と通信をするのと同様の感覚で海外子会社と通信をしていると、後日、重要なコンプライアンスに関係する通信が、証拠として開示対象になることも考えられる。別途、弁護士依頼者間秘匿特権を確保するための手続やガイドラインなどを作成することも検討に値する。

⑭　別紙 B

① 文例

Exhibit B
▷別紙 B

Service Fees
▷業務報酬

Pursuant to Section 4.1 of the Agreement, the Services Fees payable hereunder

---

shall be equivalent to Costs, plus a markup of seven and half percent（7.5％）on
the Costs relating to Services which are determined by A Company.
▷本契約 4.1 条に基づき、支払対象となる業務報酬は、A 社にて決定する本件
業務の費用の 7.5％相当の利益及び費用相当額である。

② 解説

4.1 で定める報酬の具体的計算方法を定める条項である。ここでは利益率
7.5％の業務報酬を定めているが、この数字自体が指標になるものではなく、
親会社と海外子会社が独立当事者関係にあることを前提に適正利益率を計算
する必要がある。報酬額が適正でなく、利益還流の一手段として用いられる
場合には、海外子会社が税務調査の対象になった際に、適正報酬と実際報酬
の差額について、追徴課税及びペナルティを受けるリスクがあるし、また、
適正報酬額を超える金額については、海外子会社の株主である親会社につい
て、株主の議決権行使に対する利益供与であるとの疑いも生じせしめる可能
性がある。利益率の適正性については、十分説明のつくように設定すべきで
あろう。

第3章
海外子会社に対する実効的
コンプライアンス・プログラムのための環境整備

　海外子会社においてコンプライアンス・プログラムを効果的に運用していく上で重要となるのが前提環境の整備であろう。多くの日本企業では、伝統的に、海外子会社を親会社の一部門と位置付けてきたため、海外子会社は親会社の指示命令に当然に従い、コンプライアンス・プログラムの導入や運用に支障は生じないと考えているものと思われる。あるいは、海外子会社の役員人事権を背景に、海外子会社の役員が親会社の指示・命令に事実上従うことを前提として、コンプライアンス・プログラムの導入や運用を進めており、環境整備の必要性に対する意識が希薄になっていることも少なくない。無論、実務の現場では、前提環境が完備することを待っていては、コンプライアンス・プログラムを導入できる日は来ないのが実情であろうが、どのような前提環境を整えると、実務的運用が容易になるのか、チェックリストを有しておく必要はあろう。

　以下、コンプライアンス・プログラムの導入や運用に際して整備しておくべき前提環境について整理する。

1　社内規程の整備

　会社法上の大会社である親会社においては、会社法362条4項6号及び5項により、「当該株式会社及びその子会社から成る企業集団の業務の適性を確保するために必要なものとして法務省令で定める体制の整備」を取締役会で決議し、これにより、当該体制について社内規程を整備する。そのため、親会社については、社内規程が完備しており、これに基づき、コンプライアンス・プログラムの運用ができるが、かかる社内規程は親会社の社内規程にすぎず、子会社の就業規則その他の社内規程で子会社の役員・従業員が遵守

すべき対象として親会社が整備するグループ向けの規程も対象とされていない限りは、海外子会社にて、当該規程に基づいて業務を遂行することを求めることはできない。経営管理契約を締結することで、親会社から海外子会社に対して、法的権利として、法令を遵守した業務遂行を求めることができる法的環境整備をするとともに、子会社において別途当該親会社の規程と整合する内容の社内規程を整備し、日常業務を遂行する上での指標を整える必要があろう。

2　秘密保持の例外設定

　経営管理契約の締結を通じて、親会社が海外子会社に対して、情報提供請求権を確保したとしても、海外子会社がそれに応じることができる環境になければ全く意味がない。海外子会社は多くの取引先と取引を行っているので、当該取引先とは、取引前に、秘密保持契約を締結しているであろう。取引基本契約においても秘密保持条項が規定されているのが通常である。したがって、かかる秘密保持契約や秘密保持条項において秘密情報の（相手方当事者の同意不要な）開示先として親会社を含めるように交渉する必要があろう。

　問題は、相手方当事者が親会社から見た場合に、競争事業者である場合であろう。このような場合は、相手方当事者が親会社に対して無条件で秘密情報を開示することに難色を示す場合が多い。しかも、海外子会社を通じてとはいえ、競争事業者の情報、とりわけ、競争機微情報を取得する場合には、海外競争法、とりわけ EU 競争法や英国競争法型の競争法違反の懸念も生じてくることに留意が必要である[1]。コンプライアンスを実現するために海外子会社の情報を取得しようとして、逆に、競争法違反の懸念を生じさせてしまうのは本末転倒というべきであろう。相手方からも、競争法違反となる可能性があるので、秘密保持義務の例外を認めるわけにはいかないとの指摘もなされる可能性がある。海外子会社の相手方が親会社と競争事業者関係にある場合に競争法違反の懸念に対応するためには、親会社における秘密情報の使用目的を「管理目的」として限定するとともに、親会社において開示対象者を限定してファイアウォール設置義務を負担するといった親会社側での体制を整備する必要がある。

　親会社に対する秘密情報の開示を認めてもらった場合でも、通常は当該秘密保持契約上、海外子会社が秘密保持契約に基づき負担するのと同程度の各種義務を親会社に課すことが求められることが多い。このような点を見越して、以下のような秘密保持義務条項を経営管理契約に入れ、海外子会社の相手方からなされるこのような要請に対応したいところである。

秘密情報の定義の例

"Confidential Information" shall mean (i) the existence and content of this Agreement and (ii) the information which is disclosed to Recipient by Discloser in any manner, whether orally, visually or in tangible form (including, without limitation, documents, devices and computer readable media) and all copies thereof.

「秘密情報」とは、(i)本契約の存在及び内容、並びに(ii)口頭、視覚又は有形物（書類、装置及びコンピュータで読み取り可能な媒体を含むがこれらに限らない）、その他いかなる形式でも「開示者」から「受領者」に開示される情報及びそのコピーを意味する。

　上記の定義は、公知情報等、秘密保持義務から除外される情報を除き、当事者間で交換される全ての情報を秘密情報と定義するものである。この包括的定義の長所は、秘密情報の列記漏れの心配がないこと、及び、将来開示されることがある秘密情報をカバーできることである。他方、秘密情報の受領者としては秘密情報の範囲が広範に及ぶことが難点である。海外子会社の相

---

1)　UK Competition and Markets Authority, Decision of the Competition and Markets Authority Galvanised steel tanks for water storage information exchange infringement (Case CE/9691/12). 当該事件において、UK CMA は、競争機微情報を一方的に取得している行為に対して制裁金 13 万ポンドを課している。なお、海外子会社にて、競争機微情報を一方的に提供することは保秘の観点からも問題だが、競争法上の問題であり、とりわけ EU 競争法及び英国競争法には正面から抵触する。*See* Office of Fair Trading, Decision of the Office of Fair Trading：Infringement of Chapter I of the CA 98 and Article 101 of the TFEU by Royal Bank of Scotland Group plc and Barclays Bank plc, Decision No. CA98/01/2011 (Case CE/8950/08). 同 事 件 に て、OFT は、Royal Bank of Scotland（「RBS」）担当者が、Barclays 担当者に対して、借入金利の設定方針等の競争機微情報を一方的に提供したことが共同行為に該当する違法行為である旨認定した。その上で、OFT は、RBS に対して、総額 2850 万ポンドの制裁金を課している。

手方の理解を得るという観点からは秘密情報の範囲を広くとらえることが望ましい反面、秘密条項の範囲を合理的な範囲に限定したい場合には、以下のような定義を採用することも考えられる。

"Confidential Information" shall mean (i) the existence and content of this Agreement and (ii) the information which is disclosed to Recipient by Discloser in any manner, whether orally, visually or in tangible form (including, without limitation, documents, devices and computer readable media) and all copies thereof. Tangible materials that disclose or embody Confidential Information shall be marked by Discloser as "Confidential," "Proprietary" or the substantial equivalent thereof. Confidential Information that is disclosed orally, visually or in any other intangible manner shall be identified by Discloser as confidential at the time of disclosure and reduced to a written summary by Discloser, who shall mark such summary as "Confidential," "Proprietary" or the substantial equivalent thereof and deliver it to Recipient by the end of the month following the month in which disclosure occurs. Recipient shall treat such information as Discloser's Confidential Information pending receipt of such summary.

▷「秘密情報」とは、(i)本契約の存在及び内容、並びに(ii)口頭、視覚又は有形物（書類、装置及びコンピュータで読み取り可能な媒体を含むがこれらに限らない）、その他いかなる形式でも「開示者」から「受領者」に開示される情報及びそのコピーを意味する。「秘密情報」を開示又は具体化した有体物には、「開示者」により「Confidential」、「Proprietary」又はそれらと同等の表示がなされなければならない。口頭、視覚又はその他非有形的方法により開示された「秘密情報」は、開示時に「開示者」により秘密である旨示され、かつ、「開示者」により概要書面が作成されるものとし、「開示者」は、当該書面に「Confidential」、「Proprietary」又はそれらと同等の表示をして開示月の翌月末日までにそれを「受領者」に交付するものとする。「受領者」は、当該書面を受領するまで、当該情報を「開示者」の「秘密情報」として扱う。

　上記の定義の長所は、秘密情報であることのマーキングや書面化及び通知により、契約上の秘密情報であることの明確化を図ることができること、及び、将来開示されることがある情報もカバーできることである。他方、書面化及び通知が煩雑であり、書面化又は通知漏れの可能性があり、海外子会社の相手方にて難色を示す可能性があることが難点である。

秘密保持義務の例

Except as expressly permitted herein, for a period of 3 years from the Effective Date (the "Non-Disclosure Period"), Recipient shall maintain in confidence and not disclose Confidential Information.

▷本契約上明示に許されている場合を除き、「発効日」後３年間（「秘密保持期間」）、「受領者」は「秘密情報」を秘密に保持し第三者に開示しない。

　最もシンプルな秘密保持義務であるが、開示対象に範囲について例外を設ける必要も多いであろう。以下のような開示制限条項を入れることは必須であろう。

Except as expressly permitted by Discloser in writing, Recipient shall disclose Discloser's Confidential Information only to those of its officers and/or employees who have a need to know such information for the Permitted Purpose. Recipient shall inform such persons of the confidential nature of the Confidential Information and shall direct them to treat the Confidential Information confidentially. When expressly permitted by Discloser in writing to disclose the Confidential Information to a third party, Recipient shall have such third party sign a non-disclosure agreement at least as restrictive as this Agreement, covering the Confidential Information.

▷「開示者」が書面で明示に許容しない限り、「受領者」は「開示者」の「秘密情報」を「認められた目的」のために知る必要がある役員及び／又は従業員にのみ開示するものとする。「受領者」は、これらの者に対し、当該「秘密情報」が秘密であることを知らせかつ当該「秘密情報」を秘密に保持するよう指示するものとする。「開示者」が書面で明示に当該「秘密情報」の第三者への開示を許容した場合、「受領者」は、当該第三者に、当該「秘密情報」を対象に含む、本契約と同等若しくはより厳しい秘密保持契約を締結させるものとする。

　また、秘密保持義務と開示範囲を併せて、以下のような条項を採用することも考えられる。

During the term of this Agreement, the Parties may disclose certain Confidential Information each other solely to perform its obligations under this Agreement. The disclosed Party shall refrain from using or exploiting any and all Confidential Information for any purposes or activities other than those specifically authorized in this Agreement, and the disclosed Party shall not disclose any Confidential Information to any Person, except to its employees, agents, representatives, or external advisors including but not limited to auditor, external counsel, public certified accountant, financial advisor and tax advisors, with a need to know basis. The disclosed Party shall cause whose who have access to the Confidential Information to comply with the terms and conditions of this Agreement in the same manner as the Parties is bound hereby, with the disclosed Party remaining responsible for their actions and disclosures. The disclosed Party shall implement effective security procedures in order to avoid disclosure or misappropriation of the disclosing Party's Confidential Information. The disclosed Party shall immediately notify the disclosing Party of any unauthorized disclosure or use of any Confidential Information that comes to the disclosed Party's attention and shall take all action that the disclosing Party reasonably requests to prevent any further unauthorized use or disclosure thereof.

▷本契約の有効期間中、当事者は、相互に、本契約中の義務を履行するために秘密情報を開示することがある。被開示当事者は、本契約にて特に授権されたもの以外の目的や行動のために秘密情報のいずれか及び全てを利用、又は活用をしてはならず、知る必要のあるその従業員、代理人、代表者、あるいは会計監査人、外部弁護士、公認会計士、ファイナンシャルアドヴァイザー、及び税理士を含むがこれに限られない外部助言者以外の者に秘密情報を開示してはならない。被開示当事者は、被開示当事者にて行為又は開示に対して法的な責任を負担しつつも、それらのものをして、当事者が負担するのと同様に本契約上の条件を遵守させなければならない。被開示当事者は、開示当事者の秘密情報の開示あるいは誤った適用を防ぐために、効果的な安全手続を実行しなければならない。被開示当事者は、被開示当事者が確認するに至った秘密情報の無断開示又は利用について、開示当事者に直ぐに通知しなければならず、更なる無断使用又は開示を防ぐべく、開示当事者が合理的に要求する全ての手段を講じなければならない。

なお、海外子会社の相手方が、親会社と競争事業者関係にある場合には、以下のような使用制限条項を入れることが必須であろう。

Recipient shall have the right to use Confidential Information solely for the purpose (the "Permitted Purpose") specified in Exhibit A.
▷「受領者」は「秘密情報」を「別紙A」記載の目的（「認められた目的」）のためにのみ使用する権利を有する。

　また、以下のように秘密情報の取り扱いに関する規定を入れることも考えられる。

All exchange of the Confidential Information between the Disclosing Company and Receiving Company should be limited to what is essential and indispensable for the Service and shall be strictly in compliance with the procedure set forth herein and all relevant antitrust/competition laws and regulations.　The Parties hereto shall create a Virtual Room（"VR"）, which is a secure online repository used for sharing and storing the Confidential Information.　The access to VR is strictly limited to individual listed in Annex A.

▷開示者と受領者間の秘密情報の交換は本業務に本質的かつ不可欠なものに限定され、本契約に規定した手続並びに関連する反トラスト法・競争法及び規則を厳密に順守することを要する。当事者は、秘密情報の共有及び保管のために使用する厳重なオンライン保管機能であるヴァーチャル・ルーム（「VR」）を開設する。VRへの接続は、Annex A記載のものに厳密に限定される。

　上記は、競争機微情報に対するアクセス制限条項である。海外子会社が所在する国又は地域の競争法では、共同行為を広めに認定される可能性がある。競争法を厳密に順守するという観点からは、上記のようなアクセス制限条項を入れることも検討に値する。

3　組織体制の構築

　海外子会社にてコンプライアンス・プログラムを十分機能させるためには、親会社及び海外子会社の規程等を通じて、各事業部、コンプライアンス部、リスク管理部及び内部監査部等が負担する責任と役割を明確にしておく必要がある。このようにして定義された役割分担に応じて、グループが抱えるリスクの一元管理、リスクへの統一的な対応策の策定、リスク管理に関する情報やノウハウの集積、不祥事に至る前段階での発見・対処、コンプライアンスを業務遂行の土台としながら企業価値を向上させる企業風土の醸成等の効果が得られる。コンプライアンス・プログラムの運用の見地から、海外子会社管理の組織体制を考えた場合、①海外子会社の管理部門にコンプライアンス・プログラムの運用まで担当させる方法（ダブル・ファンクション方

式）と、②海外子会社の管理とは切り離して、法務部やコンプライアンス部門が、海外子会社のコンプライアンス・プログラムの運用について担当する方法（セパレート・ファンクション方式）の2つが考えられる。

　ダブル・ファンクション方式の利点は、海外子会社の事業運営及び管理に関するノウハウを有する親会社の部門が、コンプライアンス・プログラムの運用も担当するので、海外子会社が所在する国・地域特有のリスク事情やコンプライアンス教育上の要点が同事業部門に集積し、海外子会社ごとのばらつきが生じにくく、かつ、海外子会社対応業務のノウハウを有する人材育成も行いやすいという点にある。後述するとおり、コンプライアンス教育を効果的に行う上では、海外子会社の実際のビジネスに対する理解が欠かせない。海外子会社を管理するのは、親会社の管理部門又は事業部門、若しくは地域統括会社のいずれかになろうが、いずれの場合でも、親会社の法務部やコンプライアンス部よりも、ビジネスの実情には精通していると思われる。この方式の場合、当該親会社の部門が、海外子会社の業務上のレポートラインとなり、コンプライアンス・プログラムの導入や運用のみならず、海外子会社の設立から事業の遂行まで、あらゆる面について責任を持つことになる。海外子会社は、当該部門に対して、事業計画書を提出して承認を求め、月次決算等の報告を行い、事業の状況を報告し、必要となる規程類や内部統制システムの整備も監督する。他方、この方式による場合、親会社において、業務執行の観点から業務管理をする部門とコンプライアンスの観点から海外子会社を管理監督する部門が同一部門となり、コンプライアンス担当部門の業務執行からの独立性に疑義が生じることとなりかねないという問題点がある。米国連邦政府は、業務執行の観点からの管理部門がコンプライアンスの観点からの管理をも担当する場合、コンプライアンス・プログラムの実効性に対して疑義を呈する。また、この場合、親会社におけるコンプライアンス担当の上級職員は、業務執行部門の一部門である海外子会社の業務管理を担当する部門の責任者と、法務・コンプライアンス部門の責任者を兼職することとなるが、当該上級職員の業務執行部門からの独立性について、米国連邦政府からは、懐疑的な見方をされることとなろう。

　他方、セパレート・ファンクション方式の利点は、米国連邦政府が求める実効性のあるコンプライアンス・プログラムの運用方法により適合的である点である。親会社本体あるいは海外子会社にて不正行為が発生し、米国連邦

政府と司法取引が必要となる場合には、後述する実効性のあるコンプライアンス・プログラムの考え方にしたがって、親会社及び海外子会社について、コンプライアンスを実現する体制が整備されていたのか否か検証する。米国連邦政府の公表する方針に適合的な組織設計であることは、司法取引をせざるを得ないという、ワースト・ケースにて生きてくることになる。米国連邦政府は、実効性のあるコンプライアンス・プログラムの要素としてその運用部門の独立性を求めるが、この方式の場合、海外子会社を業務執行面から管理する部門とは、独立した部門（多くの場合は法務部やコンプライアンス部）が、コンプライアンス・プログラムの運用面から海外子会社を管理することとなる。結果、業務執行の管理部門とコンプライアンス・プログラム運用の責任部門との分離が徹底されることとなる。他方、この方式の場合、海外子会社の管理機能が、業務執行の管理部門と、法務部やコンプライアンス部といったコンプライアンス・プログラムの運用責任部門とに分離することとなるので、管理業務にばらつきや、両部門の連携不足からくる齟齬が生じやすく、組織の能率的運営や、人員の効率的活用の観点からは難点がある。また、コンプライアンス・プログラムの効果的な運用のためには、海外子会社の実際のビジネスに対する理解が必要不可欠であるところ、業務執行の管理部門のほうがビジネスに対する理解が深く、教育や研修などの効果を上げやすい面があることも否めない。また、リスク管理の観点から、不正の兆候を把握する際にも、実際のビジネスに対する理解が不可欠であるところ、この点でも、業務執行の管理部門のほうが、兆候を掴みやすいことは否めない。

　以上のとおり、組織体制を考えた場合に、いずれの方式でも一長一短はあるが、海外子会社におけるコンプライアンス・プログラムの導入と運用という観点からは、米国連邦政府の方針を重視し、シングル・ファンクション方式を採用するのを原則とすべきであろう。

4　報告体制の構築

⑴　情報共有の重要性

　海外子会社におけるコンプライアンス体制を構築する上で最も避けなければならないのは、海外子会社が日本からのコントロール・統制が及ばない独立王国となり、実情が把握できないブラックボックスとなることである。実

際に不正行為が発覚して初めて、親会社において、海外子会社の実情を把握するという事態は避けたいところである。

　そこで、海外子会社のリスク管理においては、海外子会社の経営、財務、内部通報、その他のリスクに関わる情報が親会社と共有される仕組みが必要となる。本書で紹介した経営管理契約にて海外子会社の事前承認や事後報告を法的義務として定めているのはこのような趣旨からである。経営管理契約に基づき、海外子会社から親会社に対して、事前承認申請や事後報告が滞りなく上がってくるようにするためには、報告基準を明確にするとともに、リスクの評価に関する情報、中でも、社内外の弁護士の分析や助言については、法的な手続にても非開示扱いとするための仕組み作りが重要であろう。親会社の財務諸表に影響しかねない重大事象の場合であればあるほど、親会社に対する第一報の段階から社内外の弁護士の助言を得ながら、親会社との通信が発生するが、親会社に対して迅速に報告したがゆえに、これらが後の法的手続において全て開示の対象となる事態は避けたいところではある。また、このような仕組みが整備されていないと、海外子会社側にて、親会社と情報共有することについての善管注意義務違反の問題も生じうる。前者については、経営管理契約を通じて、事前承認と事後報告が必要となる場合を具体的に定義し、海外子会社に法的義務を負わせることが考えられる。後者については、具体的には、海外子会社が、社内あるいは社外弁護士から受領した助言について、親会社と共有することで、弁護士依頼者間秘匿特権（attorney-client privilege）の放棄（waiver）が認定されないようにする必要がある。弁護士依頼者間秘匿特権は、英米法型の法体系を採用する国にて採用されている制度であるが、大陸法型の法体系を採用する国でも、職務上の秘匿特権（守秘義務）の帰属主体が弁護士ではなく依頼者にあるとの解釈を採用することで、弁護士依頼者間秘匿特権に近い運用がなされている国も少なくない。海外子会社が所在する国の法体系が大陸法型の法体系で、かつ、職務上の秘匿特権について狭い解釈を採用する可能性があることは否定できないものの、このような可能性が存在すること自体は、海外子会社管理において、社内外の弁護士の助言を親会社と共有しつつ、開示から保護する仕組みを採用しない理由にはならないというべきである。実務的にも、社内外の弁護士からの助言や分析については、迅速に親会社と共有する仕組みを整えつつ、法的な手続での開示対象にならないようにしたいところである。

そこで、以下、弁護士依頼者間秘匿特権の代表例として米国の弁護士依頼者間秘匿特権の要件を整理し、海外子会社の社内外の弁護士の助言を親会社と共用する方法論について検討する。

(2)　弁護士依頼者間秘匿特権
①　趣旨と要件

弁護士及び依頼者間の秘匿特権は、弁護士と依頼者が包み隠さず相談できるようにするための制度であり、米国、英国、カナダ、オーストラリア等英米法型の法体系を採用する多くの国にて採用されている[2]。また、前述のとおり、ドイツのように大陸法型の法体系の国でありながら、職務上の秘匿特権の帰属主体が依頼者であるとの解釈を採用する国では、事実上、弁護士依頼者間秘匿特権が存在するのと同様の運用がなされている。弁護士に相談した内容や弁護士による助言内容が、執行機関や民事訴訟の相手方に開示されるとすると、依頼者は弁護士に対して、秘密を打ち明けて相談することができなくなる。弁護士依頼者間秘匿特権によってそのような懸念が払拭され、弁護士と依頼者間で十分な情報交換をすることが可能となる。開示から保護されるのは、弁護士と依頼者間のコミュニケーションであり、口頭、書面、電子メール等、いずれの手段によるかは問わない。

弁護士依頼者間秘匿特権の要件は、米国連邦裁判所の判示による限り、①弁護士と依頼者間のコミュニケーションであること、②弁護士としての法的サービスに関するものであること、③弁護士と依頼者間の秘密のコミュニケーションであり、第三者に対して開示されていないこと、④犯罪又は不正行為を目的としたものではないこと、及び⑤弁護士・依頼者間の秘匿特権が適切に主張され、放棄されていないことである[3]。以下、各要件の定義・範囲ついて確認したい。

---

2)　大陸型の法体系ではあるもものの、欧州連合でも、EU 競争法の手続では、弁護士依頼者間秘匿特権が認められている。Case 155/79 AM&S Europe Limited v Commission [1982] ECR 1575；T-30/89 Hilti v Commission [1990] ECR II-163；Joined Cases T-125/03 and T-253/03 Akzo Nobel Chemicals and Akcros Chemicals v Commission [2007] ECR II-3523, as confirmed by Case C-550/07 P, Akzo Nobel Chemicals and Akcros Chemicals v Commission, judgment of 14 September 2010.

3)　United States v. United Shoe MacHinery Corporation, 89 F. Supp. 357（D. Mass. 1950）.

②　弁護士と依頼者のコミュニケーション

　この要件については、「弁護士（attorney）」と「依頼者（client)」の範囲がそれぞれ問題となる。

　ア　「弁護士（attorney）」の範囲

　米国法による限り、弁護士は、米国資格の弁護士に限られず、日本その他の外国の弁護士も含まれる[4]。この点は、英国法も同様である[5]。但し、弁護士の有資格者であることが必要である。法学部にて法律を勉強し、法的な助言をすることができるとしても、それだけでは、弁護士には該当しない[6]。日本企業の法務部に所属する、弁護士資格は有しないものの、企業法務のエキスパートの方々は、弁護士の範疇に該当しない。なお、欧州連合の場合には、EEA（欧州経済領域）内で業務を行う資格を有する独立の弁護士である必要があり[7]、日本その他の欧州経済領域外の資格の弁護士は含まれない。

　米国法上は、弁護士資格を有する社内弁護士（in-house counsel）にも、雇用主たる会社との間に弁護士依頼者間秘匿特権が一般に認められているが、その範囲については争いがあり、秘匿特権を制限的にのみ認める州もある[8]。これらの州では、社内弁護士に対する秘匿特権の適用は、①法律上の助言に限られ、ビジネス上の助言は保護されず、②不要な第三者の介在した会話の内容も保護されず、③以前に会社の防御のために使われたことがある情報も保護されないという点で制限される。社内弁護士と情報を共有するだけでは、当該情報は、秘匿特権の対象とはならない[9]。欧州連合の場合には、社内弁護士は、弁護士に含まれない[10]。

　また、米国法による限り、弁護士の下で働く事務員（legal clerk）や秘書（secretary）、弁護士の通訳やその仲介者といった弁護士の補助機関として執務するものも「弁護士」の範囲に含まれる[11]。

---

4) Renfield Corp. v. E. Remy Martin & Co., 98 F.R.D. 442 (D.Del.1982).
5) R (Prudential plc) v Special Commissioner of Income Tax [2013] 2 AC 185.
6) Dabney v. Investment Corp. of America, 82 F.R.D. 464, 465 (E.D.Pa.1979).
7) Case 155/79 AM&S Europe Limited v Commission [1982] ECR 1575.
8) United Jersey Bank v. Wolosoff, 196 N.J. Super. 553 (App. Div. 1984).
9) Bell Microproducts, Inc. v. Relational Funding Corp., et al., 2002 U.S. Dist. LEXIS 18121 at * 3-4 (N.D. III. 2002).
10) T-253/03 Akzo Nobel Chemicals and Akcros Chemicals v Commission [2007] ECR II-3523.
11) United States v. Kovel, 296 F.2d 918, 921 (2nd Cir. 1961).

イ　「依頼者（client）」の範囲

　依頼者の範囲であるが、米国法による限り、弁護士に実際に業務を依頼したもののみならず、検討中のものも含まれる。

　次に、企業が依頼者の場合に、どの範囲の役員・従業員が実際の依頼者に含まれ、社内外の弁護士との通信が保護の対象となるのか問題となる。これは、社内外の弁護士から助言を得た場合に、どの範囲で社内展開ができるのかという問題でもある。

　この点、米国法では、企業が依頼者である場合、弁護士の法律的意見を求めるのは「企業」であるから、その「企業をコントロールし、その問題につき相当の決定権限を有する者」（経営陣）でなければ秘匿特権の対象である依頼者に含まれないという見解（control group test）もある。米国の各州の裁判所で比較的古くから採用されている見解である[12]。この場合、海外子会社から親会社に社内弁護士の助言を共有した場合はいうに及ばず、海外子会社内にて、従業員と助言を共有しただけでも、弁護士依頼者間秘匿特権を喪失することとなる。他方、米国連邦最高裁判所は、このような見方を採用していない[13]。弁護士が客観的に正しい助言をするためには、経営陣からだけではなく、むしろ事実をよく知っている現場の担当者（non-control group members）からも事情を聴取する必要があり、担当者からの情報が、秘匿特権の保護を受けないのは不都合であることが理由とされる。なお、秘匿特権の保護の対象になるためには、弁護士が担当者から得た情報が秘密として扱われていること（confidentiality）が必要である。当該情報が他の情報と混在し、社内にて誰でも取得可能な状態の場合には、秘密性の要件を満たさない。なお、連邦最高裁判所の見解による場合、企業が依頼者の場合の弁護士依頼者間秘匿特権は、あくまでも企業に帰属し、従業員が当該弁護士に打ち明けた内容を第三者に開示するかどうかの判断権も、企業に帰属する。そのため、企業側の代理人弁護士は、担当者から事情を聴取する際に、自らは企業の代理人弁護士であって担当者個人の代理人ではないことを告げて、その者に対し警告（「Upjohn Warning（Upjohn 警告）」）をしなければならないとされている。

12）*See* e.g., Day v. Illinois Power. Co., 50 Ill. App. 2d 52, 199 N.E.2d 802（5th Dist. 1964）；Garrison v. General Motors Corp., 213 F. Supp. 515（S.D. Cal. 1963）；Hogan v. Zletz, 43 F. R.D. 308, 315（N.D. Okl.1967）, affirmed in part Natta v. Hogan, 393 F.2d 686（10 Cir. 1968）.
13）Upjohn Co. v. United States, 449 U.S. 383, 391-392（1981）.

　米国法上のもう1つの見解は、企業が依頼者の場合であっても、一定の要件を満たせば、その従業員も「依頼者」に含まれるとする見解である（subject matter test）。第8巡回裁判所は、当該要件を明確化している。それによると、①法的助言を得るためのコミュニケーションであること、②従業員が上司の指示を受けて行ったコミュニケーションであること、③上司が従業員に当該指示を出した目的が、企業のために法的助言を得るためであること、④コミュニケーションの目的が、当該従業員の職務担当の範囲内であること、⑤コミュニケーションの内容が秘密として保持され、社内でも必要最小限の範囲内でしか知られていないことという要件を満たす場合には、従業員も依頼者に含まれるとする[14]。連邦最高裁判所は明確にこの見解を採用しているわけではないが、subject matter test 同様、従業員と企業代理人間の通信であっても、当該通信が、法的助言を得ることを目的とするものであれば、当該従業員も依頼者に含まれ、弁護士依頼者間秘匿特権の対象となると判断している[15]。なお、下級審裁判所の中には、このような分析を推し進め、親会社の弁護士と100%子会社の従業員間の通信について、弁護士依頼者間秘匿特権が適用されると結論付ける見解もある[16]が、連邦最高裁判所はこの見解を採用していない。また、元従業員も「依頼者」の範疇に含まれるとする下級審の裁判例もある[17]。他方で、同じく subject matter test を採用する下級審であっても、従業員の範囲を狭く解釈し、原則として、企業において経営判断をする経営陣が「依頼者」であるとみるべきで、従業員は例外と位置付け、従業員の範囲をなるべく狭く解釈しようとする見解もある[18]。米国法を前提とした下級審裁判例にて判断が分かれている現状を前提とすると、従業員のうち、どの範囲が subject matter との関係で弁護士の助言に接する必要があるのか、事前に社内規程などで明確にしておくほうが望ましい。

14）Diversified Industries, Inc. v. Meredith, 572 F.2d 596, 609 (8th Cir. 1977).
15）Upjohn Co. v. United States, 449 U.S. 383, 394 (1981).
16）*See* Admiral Ins. Co. v. United States Dist. Ct. for the Dist. of Arizona, 881 F.2d 1486, 1493 n.6 (9th Cir. 1989).
17）*See* In re Coordinated. Pretrial Proceedings in Petroleum Products Antitrust Litig., 658 F.2d 1355, 1361 (9th Cir. 1981).
18）United States v. Chen , 99 F.3d 1495, 1502 (9th Cir. 1996).

③　法的サービス

　弁護士・依頼者間の秘匿特権の保護の対象になるのは、弁護士としての法的助言に関わる依頼者との通信である。弁護士と依頼者間の通信であっても、法的助言に関わらないもの、純粋にビジネスに関する助言や判断は保護の対象とならない[19]。例えば、マーケティングについての助言を得たところ、当該助言の提供者がたまたま法律の学位を有していたとしても、その者との通信は保護されない[20]。法的助言と関わらないためである。企業におけるビジネス上の判断に企業内弁護士が関与していたとしても、当該企業内弁護士との通信は保護の対象とならない[21]。このような場合、企業内弁護士との通信は、法的助言を得るためのものとは考えられない。なお、弁護士や法律家とのビジネス上の助言に関する通信を開示したとしても、それは放棄とみなされることはない。同一の通信に法的助言とビジネス的な助言が含まれる場合には、主たる目的がいずれにあるかどうかで判断する。通信の主たる目的が弁護士から助言を得ることにあるのであれば、弁護士依頼者間秘匿特権による保護の対象となる[22]。ビジネス上決断を迫られているいくつかの選択肢に対して、それぞれが抱える法律問題について弁護士が助言した場合には、保護の対象となる[23]。他方で、素人でもできる事務作業は、弁護士が提供しても法的サービスには該当しない。伝言等の事務的作業は、保護の対象とならない[24]。

④　弁護士と依頼者間の秘密の通信

ア　「秘密性」について

　弁護士・依頼者間の秘匿特権は、弁護士と依頼者間の秘密の通信のみを保護するものである。弁護士の補助者や助手でもない第三者も交えてなされた通信は、原則として、秘密の通信ではなく保護の対象にはならない[25]。第三

---

19)　Simon v. G.D. Searle & Co., 816 F.2d 397, 404（8th Cir. 1987）.
20)　In re Feldberg, 862 F.2d 622, 625（7th Cir. 1988）.
21)　Evans v. Atwood, 38 F. Supp. 2d 25（D.D.C. 1999）.
22)　In re Grand Jury Proceeding, 68 F.3d 193, 195（7th Cir. 1995）.
23)　In re Grand Jury Subpoena Duces Tecum, 731 F.2d 1032, 1037-1038（2d Cir. 1984）.
24)　United States v. Wilson, 798 F.2d 509, 513（1st Cir. 1986）.
25)　United States v. Gann, 732 F.2d 714, 723（9th Cir.）, denied, 469 U.S. 1034（1984）.

者に開示されることを前提としつつ弁護士と共有した情報は、たまたま第三者に開示されていないとしても、秘密性の要件を満たさない。例えば、税務申告書に記載することを前提にして弁護士に提供した情報は、実際には税務申告書に記載せず、それゆえ、第三者開示が結果としてなされていない状態であるとしても、「秘密性」の要件は満たさず、弁護士依頼者間秘匿特権により保護されない[26]。弁護士への通信の段階では後ほど第三者に開示する意図であったものの、その後、方針が変わり、第三者に開示しないこととした場合には、第三者への開示が未了であれば「秘密性」の要件を満たす[27]。また、通信の段階では、秘密として扱う意図があり、実際に秘密の情報として扱われていたとしても、後に第三者に開示されれば、「秘密性」を喪失し、秘匿特権の放棄とみなされる。

　「秘密性」の要件を確実に満たすためには、法的助言とそれ以外の助言を分離して管理することが望ましい。法的助言については、他の助言と分離の上、厳密に秘密性を管理している（他の助言とは異なる扱いをしている）ことを立証しやすいためである。実務的には、経営管理契約にて以下のような文言を入れ、親会社及び海外子会社双方にて、弁護士依頼者間秘匿特権の保護のための秘密性の管理義務を負担させることも考えられる。米国や英国企業にて以下のような秘密管理条項を経営管理契約に入れている例がみられる。

秘密性の管理義務条項の例

Both Parties shall take all reasonable precautions to protect against breaches of confidentiality and/or waiver of privilege. This includes protection of attorney-client communications, attorney work product, and other privileged/confidential documents. General business advice is not protected by the attorney-client privilege. Accordingly, both Parties should seek to keep such communications separate and seek to avoid mixing legal and non-privileged business advice within the same communications.

▷両当事者は、秘密性の破棄及び／又は特権の放棄を防ぐために、全ての合理的な注意を払う。これには、弁護士依頼者間の通信、弁護士によるワーク・プロダクト、及びその他の特権対象となる秘密の書面の保護を含む。一般的なビジネス上の助言は弁護士依頼者間秘匿特権により保護されない。両

26）United States v. Lawless, 709 F.2d 485（7th Cir. 1983）.
27）United States v.（Under Seal）, 748 F.2d 871, 875（4th Cir. 1984）.

当事者は、そのような通信を分離し、同一の通信にて法的な助言と、法的ではないビジネス上の助言が混在しないようにする。

イ　「秘密性」と第三者の範囲

「秘密性」の要件に関して、実務的に問題となるのは、「第三者」の範囲である。

まず、社内外の弁護士の助言を社内展開することは「秘密性」の要件と抵触しないのかが問題となる。前述のとおり、米国連邦最高裁判所は、subject matter test に近い考え方を採用している。そのため、米国法による限り、社内外の弁護士の助言を、必要最小限の範囲で従業員と共有することは、「秘密性」の要件に抵触しない。他方、社内外の弁護士の助言を連携する必要性が疎明できない従業員と連携することは、「秘密性」の要件に抵触し、弁護士依頼者間秘匿特権の放棄と認定されてしまう危険性がある[28]。そのため、実務的には、社内外の弁護士の助言を社内展開する前提として、必要性の検証義務を社内規程に反映させることが考えられる。あるいは、必要性についての検証を経た上で、特定の部署（例えば、コンプライアンス部）を、社内展開先として特定し、それ以外の関係者に展開する場合には、外部弁護士の助言を得るという建付けも考えられる。さらには、経営管理契約にそのような義務規定を入れ、親会社と海外子会社の双方に法的義務を負担させることも考えられる。以下は、必要性の検証条項の例である。

必要性の検証条項の例

A Company and B Company shall limit distribution of privileged and/or confidential information to those employees who need to know such information in order to perform duties within the scope of their employment. Unless otherwise necessary to carry out the legal advice of either corporation, such information should only be shared with intended recipients.

▷ A社及びB社は、特権対象、及び／又は秘密情報の配布を、雇用上の義務を履行するために当該情報を知る必要のある従業員に限定する。いずれの法人に対する法的助言を実行するのに必要でない限り、当該情報は、意図したものとのみ共有する。

---

28)　Cottillion v. United Ref. Co., 279 F.R.D. 290, 298（W.D. Pa. 2011）.

必要性の範囲の条項の例

A Company and B Company shall limit distribution of privileged documents and information to those departments, divisions and persons with a need-to-know as discussed in Annex X.　Unless otherwise necessary to receive or carry out the legal advice of either corporation or to facilitate the rendering of legal advice to A Company, such documents and information shall only be shared with A Company "need-to-know" Annex A Entities and Persons.　In the event that a new A Company department or division is formed, department's name is changed, or a newly appointed person defined by job title is added as a "need-to-know" person that requires privileged documents and information as noted above（or in the event that one of the Annex X Entities or Persons no longer requires privileged documents and information）, A Company will provide B Company with an amended Annex X.

▷ A社びB社は、秘匿文書及び情報の配布を、附属書Xに記載のとおり、知る必要のある部門、部署及び個人に限定するものとする。いずれかの会社の法的助言を受け又は遂行するため、又はA社に対する法的助言を容易にするために別途必要な場合を除き、当該文書及び情報は、A社の「知る必要のある」附属書Xの組織及び個人のみに共有されるものとする。上記の秘匿文書及び情報を必要とする新たな部門若しくは部署が設けられた場合、部門の名称が変更された場合又は役職名で定義される新任者が「知る必要がある」社員に加えられた場合、（又は附属書Xの組織又は個人のうちの一つが秘匿文書及び情報をもはや必要としなくなった場合）、A社はB社に対し、改定した附属書Xを提供する。

　なお、「知る必要」のある従業員の特定であるが、特定性が明確である限りにおいて、必ずしも個人レベルにて特定する必要はなく、部署や委員会といった組織レベルでの特定で足りる。重要なのは、「知る必要」のある従業員の厳密な特定性であり[29]、個人名で特定するか否かではない。
　次に問題となるのが、海外子会社から親会社への連携のように、社内外の弁護士の助言を、形式的には別法人に連携する場合である。この場合、海外子会社からみて親会社は「第三者」に該当し、社内外の弁護士の助言を共有することは「秘密性」の要件に抵触する結果となることとなるのか問題とな

29）Zenith Electronics Corp. v. WH-TV Broad. Corp., 2003 U.S. Dist. LEXIS 13819（N.D.Ill. Aug. 6, 2003）.

る。

　米国法や英国法は、法人単位の原則を採用しているので、海外子会社にとって、親会社は、形式上、「第三者」に該当する。よって、弁護士との助言を親会社に開示すると秘匿特権が失われることともなりそうである。そのため、米国以外の法体系も踏まえた上で、弁護士依頼者間秘匿特権を最も確実に保護するためには、海外子会社からみて、親会社は「第三者」として扱い、海外子会社にて社内外の弁護士から得た助言は親会社と共有しないという扱いにも合理性はある。他方で、当該方法は、海外子会社と親会社間の重要なリスク情報の共有を阻害するので、海外子会社における実効的かつ効果的なコンプライアンスの実現や子会社管理の観点からは支障がありうるところである。

　この点、米国の下級審では、一定の条件を満たす場合に、親会社のように形式上「第三者」に該当する場合であっても「第三者」であるとして扱わず、弁護士の助言を共有しても、通信の秘密性は維持されるという考え方が認められている（co-client privilege と呼ばれる）。米国企業の多くは、当該考え方を前提に、社内規程などを準備しつつ、親子会社間にて弁護士の助言を共有しているのが実情である。なお、米国の下級審裁判例によると、co-client privilege による保護を受けることができるか否かは、①事業者間の関係、②法的利益の共通性、及び③利益相反の有無の3点から分析するとされる[30]。

　上記①であるが、米国の下級審裁判例による限り、親会社と子会社間に100％の資本関係がある場合には、確実に①の要件は満たす[31]。100％未満の資本関係の場合には、一律に①の要件を満たさなくなるわけではないものの、①が肯定されるためには、親会社が子会社を「実質支配」していると認定できる程度の関係が必要とされる[32]。なお、下級審裁判例の中には、形式的には別法人であるものの、実質的には同一法人であるとみなせる程度の関係性を要求しているものもある[33]。100％の資本関係に等しいような関係性を要求する趣旨と思われる。実務的には、特段の事情がない限り、50％以下

30) *See* e.g., Polycast Tech. Corp. v. Uniroyal, Inc., 125 F.R.D. 47 (S.D.N.Y. 1989).
31) United States v. AT&T, 86 F.R.D. 603, 616-17 (D.D.C. 1979).
32) Duplan Corp. v. Deering Milliken, Inc., 397 F. Supp. 1146, 1184-85 (D.S.C. 1975).
33) George v. Siemens Indus. Automation, 182 F.R.D. 134 (D.N.J. 1998).

の資本関係で「実質支配」が認定される可能性はないと思われる。

　次に②であるが、これは、純粋に法的利益の共通性を意味し、joint defense privilege と異なり、訴訟やその他の法的手続の存在を必要としない。なお、法的利益が共通であるとしても、ビジネス上の議論については、弁護士依頼者間秘匿特権の対象となることはない[34]。親会社から子会社への出向者がいることは、法的利益が共通であることを示唆する一要素である[35]。さらに、親会社の社内弁護士にて、親会社のみならず、子会社に対しても、法的助言を提供すべき地位にあることも、法的利益の共通性を示唆する[36]。なお、このような地位・立場は、事実上のものよりは、法的なもののほうが、法的利益の共通性を認定する上でプラスに作用する[37]。海外子会社の社内外の弁護士にて、親会社のためにも法的助言を提供すべき地位にあることを明確化することも有益である。経営管理契約において、海外子会社の社内弁護士において、親会社のためにも助言する地位にあることを確認しておくこと、社外弁護士であれば、engagement letter の scope of legal representation に、親会社の利益のために助言すべき地位にあることをそれぞれ確認することも一案である。

　さらに③であるが、これは利益相反を意味し、典型的には、訴訟手続が開始されるような場合である。社内外の弁護士からの助言を共有する時点では、利益相反がなく、よって「秘密性」の要件に抵触しないとしても、後に利益相反が発生する場合には、助言の共有時点に遡って「秘密性」の要件を喪失する可能性があることに留意を要するとされる[38]。

　海外子会社から親会社に対して社内外の弁護士の助言を連携する場合には、上記①から③を分析し、その上で、助言を連携する範囲を必要最小限に限定することが実務上の指針となろう。

34）Bank Brussels Lambert v. Credit Lyonnais（Suisse）S.A., 160 F.R.D. 437（S.D.N.Y. 1995）.
35）Teleglobe Communs. Corp. v. BCE, Inc., 493 F.3d 345, 378-79（3d Cir. 2007）.
36）Somers v. QVC, Inc., 2021 U.S. Dist. LEXIS 148568, *8-11（E.D. Pa. Aug. 9, 2021）.
37）Polycast Tech. Corp. v. Uniroyal, Inc., 125 F.R.D. 47, 49（S.D.N.Y. 1989）.
38）Teleglobe Communs. Corp. v. BCE, Inc., 493 F.3d 345（3d Cir. 2007）.

⑤　犯罪又は不正行為を目的としたものではないこと

　犯罪又は不正行為を目的とした通信には弁護士依頼者間秘匿特権は適用されない。これは将来の犯罪又は不正行為の助長に対して秘匿特権は適用されないことを意味する。過去の犯罪又は不正行為に関する弁護士及び依頼者間の通信は秘匿特権の保護の対象である。

⑥　弁護士・依頼者間の秘匿特権が適切に主張され、放棄されていないこと

　弁護士依頼者間秘匿特権は放棄により失われる。すなわち、①情報の開示を相手方から求められた際に、適切なタイミングにて秘匿特権を主張しない場合[39]、②弁護士から助言を受けたという事実を元にして訴訟にて主張を展開した場合[40]、及び③秘匿特権の対象となる通信を自主的に第三者に開示した場合[41]には、放棄が認定される。海外子会社にて親会社と社内外の弁護士からの助言を共有する際に懸念するのは、自主的な第三者開示である。前述のとおり、第三者には、親会社内にて、当該助言を得る必要性を疎明し難いものも含み、このようなものを電子メールのCCやBCCに入れて社内展開した場合には、秘匿特権の放棄を認定されかねない。また、日本に所在する親会社にて、監督官庁から、行政命令によらず、弁護士からの助言を共有するよう求められたり、あるいは、親会社の判断の合理性を疎明するために、弁護士からの助言を提出することも考えられるが、これも秘匿特権の放棄を認定されかねない[42]。弁護士の助言を提出する場合には、建付上、監督官庁からの命令により提出せざるを得ない（提出を拒めない）という前提状況において提出をする必要がある[43]。

　なお、米国法による限り、法的な手続の過程で、誤って弁護士依頼者間秘匿特権の対象文書を開示してしまった場合であっても、開示が不注意によるものであること、秘匿特権を有するものが開示を防ぐために合理的な手段を

39）　Perrignon v. Bergen Brunswig Corp., 77 F.R.D. 455（ND. Cal. 1978）.
40）　Rhone-Poulenc Rorer Inc. v. Home Indem. Co., 32 F.3d 851（3d Cir. 1994）.
41）　United States v. Davis, 636 F.2d 1028, 1044（5th Cir. 1981）.
42）　In re Kidder Peabody Securities Litigation, 168 F.R.D. 459（S.D.N.Y. 1996）.
43）　Miller v. Haulmark Transp. Sys., 104 F.R.D. 442, 445（E.D. Pa. 1984）.

講じたこと、及び当該権利を有する者が誤りを正すために合理的な手段（連邦民事訴訟規則 26 条(b)(5)(B)の手続に従うことを含む）を講じたことという要件を満たす場合には、秘匿特権の放棄は認定されない（連邦証拠規則 502 条(b)）。また、仮に特権放棄が認定される場合でも、全面的な特権の放棄が認定されるのは、秘匿特権の対象である情報が故意に開示され、開示された情報と開示されていない情報が同一の項目に関するものであり、開示された情報と開示されていない情報を一体としてみなすことが公式である場合に限定される（同(a)）。米国法が適用される法的な手続に関して不注意な開示をしてしまった場合には、速やかに相手方に、開示してしまった情報が秘匿特権の対象であることを通知する（連邦民事訴訟規則 26 条(b)(5)(B)）。通知を受けた相手方としては、当該情報及びその複製を、速やかに返却するか、隔離するか、廃棄する、秘匿特権の有無が確定するまでの間、当該情報を用いてはならず第三者にも開示しない、当該通知を受ける前に第三者に開示した場合には、当該情報を回収するために合理的な手段を講じるべき義務が生じる（同）。米国法によるこのような制度は米国内の民事訴訟の局面でのみ適用される。そのため、海外子会社の社内外の弁護士の助言を親会社に連携した後に、誤って当該助言が第三者に開示される局面では適用されない。このような開示に対しては、弁護士依頼者間秘匿特権の放棄が認定される可能性が高い[44]のであり、秘密性の管理を徹底する必要がある。

5　役職員の派遣

　親会社から海外子会社に役職員を派遣することは一般的に行われているが、海外子会社にてコンプライアンス・プログラムの実効的な運用するためには、当該目的実現のための戦略的な人員配置という見地から、派遣対象となる人員と派遣先の部署を選定したいところではある。派遣される役職員に最も期待されるのは海外子会社の情報収集である。コンプライアンス・プログラムを通じて、海外子会社の役職員に教育や研修をするにしても、海外子会社の業務状況がわからなければ、法令違反が生じる可能性のある分野の特定もできないのであり、教育や研修が的外れになることにもなりかねない。

---

44) Underwater Storage, Inc. v. United States Rubber Co., 314 F. Supp. 546 (D.D.C. 1970).

　海外子会社に対する役職員の派遣を行っている日本企業が多いのは、情報収集の点から、役職員の派遣が効果的な手法であることもその一因であると推察される。情報収集の観点からは、海外子会社の財務・経理面の情報を把握すべく、親会社の財務経理部門出身者を、海外子会社の常勤財務担当取締役として送り込み、併せて、法務・コンプライアンス部門から常勤の管理担当取締役を派遣することが考えられる。しかしながら、実際には、海外子会社は複数ある場合が多く、しかも、親会社にても、常勤として派遣できる人材が豊富にいることはあまり期待できないだろう。親会社にて常勤を派遣するだけの人的資源に乏しい場合には、海外子会社の事業を所管する事業部門から非常勤の業務執行取締役を派遣し、併せて財務経理部門や法務・コンプライアンス部門から非常勤の管理担当取締役を派遣することで、業務執行、財務及び法務・コンプライアンスといった管理面全般の情報が入手できる体制をとることも選択肢である。

　なお、親会社の内部監査部門が充実している場合には、内部監査部門の担当者が、海外子会社の監査役として派遣されている例もある。とりわけ、海外子会社が関連会社や少数出資先の場合には、内部監査を実施する法的根拠も乏しいのであり、内部監査を通じた海外子会社内の実情把握には支障もあろう。この場合、親会社の内部監査部門の担当者を監査役として派遣することで、監査役監査を通じて、海外子会社の事実上の監査及び情報収集ができるのであり、コンプライアンス・プログラムを実効的に運用する上で有益な体制であろう。

　また、親会社取締役が海外子会社の取締役も兼任する場合には、子会社の業務執行に関する情報や決済に際して具体的なリスク情報に接する機会が増加する。そのような認識を有しつつも、リスクを回避するための合理的な対応をとらない場合、子会社の取締役としての善管注意義務違反の可能性が生じるのみならず、親会社の取締役としての管理監督責任の見地から善管注意義務違反が認められる可能性が高まる。このように親会社と子会社において取締役を兼任する場合には、子会社の取締役として認識していた事実関係をもとに親会社取締役としての監督義務違反を判断されることとなり、損害賠償責任を負う可能性が生じることから注意が必要である。なお、親会社の代表取締役を海外子会社の取締役として派遣する場合、当該子会社が100％子会社でない限り、会社法上の利益相反取引の規制に服することとなる。その

ため親子会社間で取引を行う場合、親会社において、利益相反取引の取締役
会決議を得なければならない（会社法356条1項）。利益相反取引について取
締役会の承認を得たとしても、当該利益相反取引によって会社に損害が発生
したときは、①第三者のために会社と取引した取締役、②会社を代表し当該
取引をすることを決定した取締役、③当該取引に関する取締役会の承認決議
に賛成した取締役は、任務懈怠が推認され、過失がなかったことについて挙
証責任を負うこととなる（同法423条3項）。同様に親会社と海外子会社が競
業取引を行っている場合についても、利益相反取引と同様に、取締役会の承
認が必要となる。取締役会の承認を得た場合であっても、取締役の損害賠償
責任は生じうる（同法423条1項）。留意の必要があろう。

6　海外子会社の内部統制制度の整備

(1)　制度設計のあり方

　海外子会社におけるコンプライアンス・プログラムの効果的な運用という
見地からは、内部統制システムを利用したモニタリング及び情報収集も有益
である。内部統制システムは親会社にて完備するだけでは機能しないのであ
り、海外子会社にても体制を整備することとなるのであり、これを、効果的
なコンプライアンス・プログラムの運用に生かさない手はない。これらの活
動を通じて収集される情報は、教育研修、コンプライアンスの観点から実施
する監査の際に生かされることとなる。コンプライアンス監査の際には、
メールやチャットのログに対するサンプリング調査を実施する例もあるが、
その際にも、カストディアンやキーワードの選定の際に、内部統制の過程で
収集した情報が生かされることとなる。海外子会社といっても設立間もない
小規模な会社から大規模な会社を買収した場合まで、規模も多様であり、内
部統制システムもその規模と業務に応じて構築すればよいのであって、親会
社と同様のシステムを一律に導入すればよいというものではない。親会社の
管理部門及び海外事業部門は、こうした海外子会社の実情を把握した上で、
それを踏まえて海外子会社自体の内部統制システムの設計及び導入を進める
必要があろう。当該作業に際しては、海外子会社が直面するリスクの特定、
リスク分析・評価、対応策の策定といった作業を行い、その結果を踏まえ、
海外子会社の実情に即したシステム設計をしたいところである。

(2)　モニタリング

①　モニタリングの種類

　内部統制におけるモニタリングとは、内部統制が有効に機能しているかどうかを確認するプロセスである。このモニタリングは、日常的な評価と独立評価の双方により行われる。日常的評価とは、日常業務に関連して行われる日々の業務プロセスに組み込まれた監視活動であり、独立的評価とは、業務プロセスを担当する業務部門とは独立した部門が、内部統制の整備・運用状況を確認するモニタリング活動である。

②　日常的モニタリング

　日常的モニタリングは、レポートラインによる報告とそれを踏まえた監督により行われる。海外子会社と情報システムを共有化するなどして、海外子会社の売上や利益等をリアルタイムで本社が把握できる場合には、このような海外子会社の業務等の監視を通じてモニタリングが行われる。この際、月次決算の他、異例取引や法制度の変更等を含むリスク情報などを、レポートラインを通じて、どのような要件で報告の必要性が生じるのか、誰が報告の責任者なのか、経営管理契約で定めるとともに、親会社及び海外子会社双方にて管理規程に記述し、日常のワークフローに組み込むと良いだろう。なお、日常的モニタリングを実施している事業部門によるモニタリングが有効に機能するためには、内部監査で特定された懸念事項やそれに対するフォローアップについての情報連携が欠かせない[45]。また、日常的モニタリングに併せて、内部監査部門による監査統制活動、IT 技術を利用したモニタリングシステムといった仕組みを有機的・一体的に運用し、多元化を図ることもモニタリングを有効に機能させる上で有益とされる。

③　独立評価によるモニタリング

　独立的評価のモニタリングとしては、内部監査、監査役等による監査、会計監査人による監査があるが、これらは相互に独立して行われるものではな

---

45)　この点を指摘するものとして、例えば、KDDI 株式会社に対する 2015 年 8 月 21 日付け調査報告書（公表版）47 頁（http://news.kddi.com/kddi/corporate/ir-news/2015/08/21/pdf/20150821_jp.pdf）。

い。リスク情報の共有など連携して行い、監査全体の実効性を向上できるように、海外子会社の事業内容、規模、リスク評価等に基づき、有効なグループ監査体制を確立すべきであろう。海外子会社に対する内部監査は、本社あるいは地域統括会社の内部監査部門あるいは管理部門が中心となって行うが、リスク・ベースを前提に、リスクの高い海外子会社の、リスクの高い業務分野から監査を実施することとなる。海外子会社に対する内部監査は、内部監査の対象となる拠点とローテーションを決定し、内部監査の体制と項目を決め、優先度の高い課題から監査を実施することとなる。コロナ環境のため実地監査が難しい場合にも、書面監査やオンラインでのヒアリングを実施する等の手法で、毎年監査を実施したいところである。なお、後述するとおり、海外子会社に対するコンプライアンス・プログラムの導入に際しては、リスク評価を前提として手段を選択することが米国連邦政府においても容認されている。往訪監査の実施は全件必須不可欠なわけではない。わが国の不祥事事例においても、監査法人において、海外子会社の往訪監査を6年間実施していないとしても、そのことから直ちに監査に不備があったことになるわけではないと指摘されている[46]。また、監査法人の監査の結果、違法行為を見抜けないとしても、そのことから直ちに不十分な監査体制であるとの評価を受けるわけではない[47]が、前提としてのリスク評価が不十分であったり、リスク評価をしていてもそれを前提に選択した体制がリスクに見合ったものではない場合には、監査体制について不備があるとの評価を受けよう。

　また、親会社の監査役等は、グループ内の主要な海外子会社やリスクの高い海外子会社について、内部統制システムの整備状況や監査体制を確認・把握するとともに、往訪監査やオンライン監査を実施すべきである。また、監査役等は、海外子会社の役職員のみならず、監査役等との間でも定期的に面談を行うなどして関連情報の収集につとめたいところである。海外子会社には監査役に相当する職位が設けられていない場合もあろう。このような場合には、取締役会等にて、監査を担当する取締役を選任し、海外子会社の監査体制を整備・改善するとともに、当該取締役を通じて、監査状況について情

46）イオンファイナンシャルサービス株式会社宛2013年10月4日付け「台湾子会社における不祥事等に関する報告書」42頁（https://www.aeonfinancial.co.jp/-/media/AeonGroup/Aeonfinancial/Files/news/2013/news131004.pdf?la＝ja-JP）。
47）同45〜46頁。

報収集を進めることとなる。本社から派遣している役員や従業員がいる場合には、当該役職員からも情報収集し、監査を実施することとなる。

　また、海外子会社を含めたグループ会社では、親会社の会計監査人が監査を実施している例も少なくない。これは連結決算を念頭に置いたものであるが、グループ会社の会計上の問題を早期に把握することに資するものである。

7　海外子会社における内部通報制度

(1)　グループ内部通報制度の重要性

　効果的なコンプライアンス・プログラムの運用を考えたときに内部通報制度が必須不可欠であることには異論がなかろう。内部通報制度は、従業員からの通報があって初めて機能するため、コンプライアンスに関する情報を積極的かつ日常的に収集する手段にはなり難いが、企業内における法令違反行為や不正行為を早期に発見して、自浄作用により対処・是正し、コンプライアンス・プログラムの修正の要否を分析する契機ともなる。法令違反行為や不正行為の抑止・防止を図るという機能がある。また、内部通報制度の存在による違法行為や不正行為の抑止という効果も期待される。重大な不祥事であったとしても早期に発見して対処・是正できれば、外部への内部告発、マスコミ報道、政府調査により不祥事が発覚する場合と比較すれば、ダメージ・コントロールが容易であるのは間違いない。行政機関への不正行為の自主的開示等のリスク軽減策も採用できる。

　海外子会社にても内部通報制度を導入することがコンプライアンス・プログラムの効果的な運用に資するとして、導入する際の体系的な枠組みとしてはいくつかの選択肢がある。グループ内部通報制度はその選択肢の一つである。グループ内部通報制度とは、内部通報制度の対象範囲を一企業内に限定せず、グループ企業全体を対象とし、グループ企業共通の一元的な窓口を設置して内部通報を受け付ける制度である。海外子会社におけるコンプライアンス・プログラムを実効的に運用する上では、海外子会社ではなく、親会社に対して通報できる可能性が確保されていることは重要な意味がある。海外子会社内の通報窓口に通報がなされたにもかかわらず、海外子会社から親会社に対する報告が遅延したために、グループ全体での組織的な対応が後手に回る事態も防ぐことができる。実務的にはこのような機能に意義があろう。

内部通報制度は、実効的なコンプライアンス・プログラムの要素として、米国連邦政府も重視しているところ[48]、過去の司法取引にても、米国子会社のみならず、他の海外子会社にての内部通報制度の設置及び拡充、親会社にて海外子会社からの内部通報を効果的に吸上げる制度の導入を求められてきたところである[49]。わが国以外の国と地域にて事業活動を行う日本企業としては、海外子会社を含めたグループ内部通報制度の導入は避けて通ることができないと思われる。

(2)　グループ内部通報制度の構築

①　全体的な制度設計

海外子会社を含めたグループ全体の内部通報制度を構築する場合、どのような制度設計をすべきか。具体的には、①海外子会社を含めたグループ全体の内部通報窓口を親会社が設置する外部窓口に一本化し、グループ全体として統一的な内部通報制度を運用する方法と、②親会社にて設置する外部窓口にて海外子会社を含めたグループ全体の内部通報を受領する前提を取りグループ全体を通じたグループ内部通報制度を運用しつつ、海外子会社独自の内部通報制度も併存させて、独自の内部通報窓口も設置する方法が考えられる。

制度の効率的な運用という観点からは①が望ましい。また、②を採用し、海外子会社の独自の通報窓口にて内部通報を受け付け、当該内部通報に個人情報が含まれ、かつ、親会社に連携する必要が出てくる場合には、個人情報の第三者提供や海外移転の問題が生じてくる。このような可能性を見越して通報対象者となりうるもの全員から事前同意を取得できれば、個人情報保護法上の問題は生じないが、通報対象者や調査手続にて個人情報が扱われる全ての関係者から同意を取得しておくことはできない。しかも、欧州の場合、個人情報が含まれる内部通報の親会社への連携については EU 一般データ保護規則（「GDPR」）[50] が適用されるところ、これによると、同意する者との間

48）United States Sentencing Commission, 2021 U.S.S.C. Guidelines Manual（「量刑ガイドライン」§ 8B2.1⒝⑸）。

49）例えば筆者が担当した 2015 年 4 月 28 日の連邦政府との司法取引。

50）Regulation（EU）2016/679 of the European Parliament and of the Council of 27 April 2016 on the protection of natural persons with regard to the processing of personal data and on the free movement of such data, and repealing Directive 95/46/EC（General Data Protection Regulation）O.J L 119 4.5.2016, at 1（2016）.

に不均衡がある場合、同意は無効になる（GDPR前文43項）とされており、その典型例が労使関係とされている。GDPR同様の体系を採用している国及び地域が少なくない現状を勘案すると、従業員からの同意取得は尚更解決策とはならない。GDPRによる限り、個人情報を含む内部通報を親会社に連携できるかどうかは、内部通報ごとに、親会社や海外子会社おける円滑な事業遂行を確保するといった利益と、従業員の基本的権利が保護することによる利益を、個別に比較考量して分析することとなる（同6条）。関係者から取得する同意が無効と判断される可能性があるという前提に立つと、他の法域についても、同様に、個々の事案ごとに合法性を分析することとなる。このような問題は①で親会社内部に通報窓口を設置する制度体系を採用すれば回避は可能である。しかしながら、海外子会社が100％子会社ではない場合や、既に独自に内部通報制度を運用しているような場合には、独自の内部通報制度も併存させざるを得ない場合もあり得よう。実際、多くの日本企業は、様々な事情から②を採用している。このような場合には、②を採用しつつ、個人情報の第三者提供や海外移転の問題について、個々の事案ごとに合法性分析をして親会社と連携することとなろう。

②　構築すべき体制

　グループ内部通報制度の制度設計として、グループ全体の統一的な制度設計とする場合、このような制度と海外子会社独自の内部通報制度を併存させる場合のいずれであっても、構築すべき内部通報の体制としてはどのような体制構築をすべきであろうか。

　この点、わが国では、令和4年6月1日から改正公益通報者保護法（平成16年法律第122号）（「公益通報者保護法」）が施行され、同11条2項では、日本国内で事業活動を行う事業者に対し、公益通報対応業務を行うための体制整備義務が課され（但し、常時使用する従業員が300人以下の場合には努力義務（同3項））、これに基づき、消費者庁は、当該体制構築義務の内実について指針を公表している（「公益通報者保護法11条第1項及び第2項の規定に基づき事業者がとるべき措置に関して、その適切かつ有効な実施を図るために必要な指針」（令和3年8月20日内閣府告示第118号）（「指針」））。公益通報者保護法及び指針の適用範囲は日本国内であり、海外子会社を含めたグループ全体を対象とするグループ内部通報制度の設計を念頭に置いたものではない。しかし

ながら、グループ全体を通じた内部通報制度の制度体系として、公益通報者
保護法及び指針が一つの指針になることは間違いないであろう。海外子会社
が所在する国及び地域にて適用される公益通報者保護法や体制構築の指針に
て特殊な指針が示されている場合には、都度、対応して、グループ内部通報
制度の体系に修正を加えることで足りるであろう。指針及び「公益通報者保
護法に基づく指針（令和3年内閣府告示第118号）の解説」（「指針の解説」）に
よると、以下のような体制構築が求められるとされる。

　ア　部門横断的な公益通報対応業務を行う体制の整備
　i　内部公益通報受付窓口の設置等

指針の解説によれば、内部公益通報窓口の設置にあたっては、特定の部門
からだけではなく、部門横断的に内部公益通報を受け付ける前提である必要
があるとされる（同第3、Ⅱ、1(1)②）。「部門横断的に受け付ける」とは、
個々の事業部門から独立して、特定の部門からだけではなく、全部門ないし
これに準ずる複数の部門から受け付けることを意味する（同）。また、内部
公益通報受付窓口において受け付ける内部公益通報に関する公益通報対応業
務を行う部署及び責任者を明確に定めて内部規程に定め、社内にて周知徹底
する必要があろう（指針第4、3(4)）。また、海外子会社との関係でも、これ
らの情報は、社内規程に定めるとともに、従業員に周知徹底をする必要があ
る（指針の解説第3、Ⅱ、1(1)④）。公益通報者保護法上、公益通報の対象とな
るのは、公益通報対象事象であり（同法2条3項）、これは日本法を前提とす
るので、海外子会社からの内部通報は、必ずしも、公益通報者保護上の公益
通報に該当するものではなく、内部公益通報窓口の要件を満たす必要性はな
い。そのため、グループ内部通報窓口の設置は、公益通報者保護法上の論理
必然ではないようにもみえるが、他方、公益通報者保護法上、親会社にて、
子会社や関連会社からの内部通報も受け付ける前提をとることが望ましいと
されており（指針の解説第3、Ⅱ、1(1)④）、かつ、海外子会社からの内部通報
の中には、公益通報者保護法上の公益通報に該当する通報も含まれる可能性
があることを勘案すると、親会社の内部公益通報窓口にて海外子会社からの
内部通報も受け付ける建付けを採用することが、公益通報者保護法の趣旨に
は合致するであろう。また、海外子会社のコンプライアンス・プログラムの
実効的な運用という観点からも望ましいものと思われる。事実、日本企業の
海外子会社における不祥事の中には、海外子会社における内部通報窓口が総

経理及び財務担当者に限定されており、総経理及び財務担当者が関与する不祥事の場合には内部通報制度が機能しないことを特に問題点として指摘しているものもあることを想起すべきであろう[51]。なお、公益通報者保護法上の窓口として、日本国内では、顧問弁護士事務所を窓口に設定する例が散見される。しかし、海外子会社の内部通報も受け付ける制度設計とする場合には、利益相反の問題が生じ、顧問弁護士事務所にて、海外法上、親会社や海外子会社に助言できなくなるおそれがある。グループ内部通報制度を前提とした窓口としては、親会社や顧問弁護士から独立した第三者的な外部業者のほうが望ましいと思われる。なお、公益通報者保護法上は、内部通報の窓口には、欧州公益通報者保護指令[52]のような通報受領から 7 日以内受領報告義務や当該受領報告から 3 ヶ月以内のフィードバック義務（同 9 条 1 項）などはないものの、欧州連合をはじめとして、海外子会社が所在する国及び地域においてはこのような制約が存在する可能性があることを勘案すると、グローバル内部通報制度では、合理的な時期に、受領確認やフィードバックする前提としておくことが望ましい。また、一定の期間内にフィードバックする建付けを採用する場合には、海外子会社からの個別の同意を得ずして、親会社にて社内調査を進める必要がある場合もある。このような例外的な場合にも、親会社にて円滑に社内調査を遂行できるよう、経営管理契約等を通じて、事前に、海外子会社側から、親会社にて調査を実施することがありうることについて同意を取得しておくことが望ましい。

　ii　組織の長その他幹部からの独立性の確保に関する措置

　指針の解説によれば、体制整備にあたっては、組織の長その他幹部からの独立性を確保すべきであるとされる（同第 3、Ⅱ、1(2)①）。ここで「幹部」とは、役員等の事業者の重要な業務執行の決定を行い又はその決定につき執行する者を指すとされる（同）。これらのものが主導・関与する法令違反行為も発生しているところ、その影響力により公益通報対応業務が適切に行わ

51）イオンファイナンシャルサービス株式会社宛 2013 年 10 月 4 日付け「台湾子会社における不祥事等に関する報告書」29 頁（https://www.aeonfinancial.co.jp/-/media/AeonGroup/Aeonfinancial/Files/news/2013/news131004.pdf?la=ja-JP）。
52）Directive（EU）2019/1937 of the European Parliament and of the Council of 23 October 2019 on the protection of persons who report breaches of Union law, O.J L 305, 26.11.2019, at 17（2019）.

れない事態を防ぐ必要があること、これらのものが関係する公益通報の心理的ハードルを下げる必要があるというのがその理由である（同②）。なお、独立性確保の観点からは、内部公益通報受付窓口は、外部に設置するとともに、調査及び是正に関しても独立性を確保する措置が必要であるとされる（同）。また、海外子会社の役職員からの独立性確保の観点からも、親会社の公益通報者保護法上の外部窓口において、海外子会社からの内部通報も受け付ける前提とするとともに、親会社において、海外子会社における内部通報対応の体制整備を進め、定期的に運用状況を確認し、必要に応じて、助言や支援を提供することが望ましいとされる（同④）。

　ⅲ　公益通報対応業務の実施に関する措置

　指針の解説によると、内部公益通報受付窓口において内部公益通報を受け付けた場合には、正当な理由がある場合を除いて、必要な調査を実施し、当該調査の結果、通報対象事実に係る法令違反行為が明らかになった場合には、速やかに是正に必要な措置を取れるような体制を構築する必要があるとされる（同第3、Ⅱ、1(3)①）。また、是正に必要な措置をとった後、当該措置が適切に機能しているかを確認し、適切に機能していない場合には、改めて是正に必要な措置をとるべきとされる（同）。なお、調査を実施しない「正当な理由」がある場合の例としては、解決済みの案件に関する情報が寄せられた場合、及び公益通報者と連絡がとれず事実確認が困難である場合が挙げられる（同④）。解決しているか否かの判断は可能な限り客観的になされる必要がある。また、一見、法令違反行為が是正されたように見えても、案件自体が再発する場合や、当該再発事案に関する新たな情報が寄せられる場合もあること等から、解決済みといえるか、寄せられた情報が以前の案件と同一のものといえるかについては慎重に検討する必要がある（同）。

　なお、グループ内部通報制度を採用する場合、親会社には、海外子会社の従業員に対して、内部通報に応じて適切に対処すべき義務が当然に生じるわけではないものの、内部通報がなされたときは、その時点での具体的状況によっては、親会社には適切に対応すべき信義則上の義務が生じる（最判平成30年2月15日判時2383号15頁）。そこで、調査主体については、①親会社の調査担当部署及び②海外子会社の調査担当部署の混成チームとするのが通例であり、事案に応じて、いずれかが調査主体のリードを務めることとなると思われる。海外子会社に関わる内部通報の場合には、証拠隠滅の防止や客

観証拠確保の必要性や重要証人との物理的な距離の近さといった観点から、②海外子会社の調査担当部署がリードを務める場合が多いであろう。公益通報者保護法上は、通報対象事実について調査する公益通報対応業務従事者（「従事者」）指定が求められ（同11条1項）、多くの日本企業では親会社や海外子会社の法務部やコンプライアンス担当部署の担当者を既に従事者に指定しており、これらのものが調査のリード役を務めることが予定されていると思われる。その上で、通報対象部署の関係者を調査チームに入れるのか、入れるとして誰を入れるのか、入れるとして、どのようにして調査対象の利害関係者に調査内容が漏れないように保秘を徹底させるのかは個々の事案ごとに判断することとなろう。なお、以下で述べるとおり、調査対象の利害関係者自身を調査チームに入れてはならないことは論を俟たない。

　調査方法には、①資料、文書やデータ等の客観証拠の確認、②関係者からのヒアリングがあるが、関係者からのヒアリングに先立って客観証拠に基づき事実関係を把握しておく必要があるし、関係者からのヒアリングを実施した場合には内部通報を端緒とする調査であるとの推測がなされやすく、証拠隠滅や通報者の探索などが生じやすい。そこで、調査にあたっては、①を先行させ、その後に②を行うのが原則である。他方で、海外子会社に関する内部通報の場合には、①の前提として、証拠隠滅を防ぐために証拠保全をし、その上で、客観証拠を収集する必要がある。サーバー上に保管された関係者のメールやチャットのログについては遠隔操作で証拠保全し、証拠分析を進めたいところである。会社貸与のPCに保管された電子ファイルについても、サーバーに自動バックアップが保管されるシステムを採用する事業者も増えてきている。このような場合には、同様にサーバー上の電子ファイルについて証拠保全及び分析を進める。①の分析が終了し、②に進む段階では、海外子会社の場合には、ヒアリング結果を弁護士依頼者間秘匿特権で保護することを検討しなければならない。そこで、ヒアリングは、弁護士資格を有するものによって実施するか、弁護士の特定の指示によって実施することを明確にする必要がある。また、ヒアリングに際しては、当該ヒアリングが弁護士依頼者間秘匿特権の対象になること、秘匿特権による保護を受ける権利主体は企業である海外子会社であることを明確にするため、概要、①ヒアリング担当者は海外子会社の代理人であり、従業員個人の代理人ではないこと、②当該ヒアリングは、弁護士が海外子会社に対して助言するために行う

ものであること、③弁護士と従業員とのコミュニケーションは弁護士依頼者間秘匿特権による保護の対象となるが、当該秘匿特権を放棄するか否かの判断権は海外子会社のみが有すること、④弁護士と従業員間のコミュニケーションにかかる秘匿特権を保持するために、従業員は、自らの代理人を除くほか、弁護士と従業員間のコミュニケーションについて他の誰にも話してはならず秘匿性を維持しなければならないことを説明する必要がある（Upjohn Warnings）。親会社における調査同様、海外子会社における社内調査でも報復行為の発生を極力防ぐ必要がある。内部調査がなされていることが調査対象部署や対象者に漏れないようにするためにも、④は特に重要である。

　　iv　公益通報対応業務における利益相反の排除に関する措置

　指針の解説によると、内部公益通報に係る事案に関係する者が公益通報対応業務に関与する場合には、中立性・公正性を欠く対応がなされるおそれがあり、少なくとも、内部公益通報受付窓口に寄せられる内部公益通報については、実質的に公正な公益通報対応業務の実施を阻害しない場合を除いて、内部公益通報に係る事案に関係する者を公益通報対応業務から除外する必要があるとされる（同第3、Ⅱ、1(4)①）。ここに、「事案に関係する者」とは、公正な公益通報対応業務の実施を阻害する者をいう。典型的には、法令違反行為の発覚や調査の結果により実質的に不利益を受ける者、公益通報者や被通報者（法令違反行為を行った、行っている又は行おうとしているとして公益通報された者）と一定の親族関係がある者等が考えられるとされる。なお、内部公益通報事案の事実関係の調査等通報対応に係る業務を外部委託する場合、事案の内容を踏まえて、中立性・公正性に疑義が生じるおそれ、又は利益相反が生じるおそれがある法律事務所や民間の専門機関等の起用は避けるのが相当であるとされる（同④）。このような意味からも、内部通報の窓口としては、親会社や顧問弁護士から独立した第三者的な外部業者のほうが望ましいと思われる。

　　イ　公益通報者を保護する体制の整備

　　i　不利益な取扱いの防止に関する措置

　不利益な取扱いとは、労働者等たる地位の得喪に関すること（解雇、退職願の提出の強要、労働契約の終了・更新拒否、本採用・再採用の拒否、休職等）、人事上の取扱いに関すること（降格、不利益な配転・出向・転籍・長期出張等の命令、昇進・昇格における不利益な取扱い、懲戒処分等）、経済待遇上の取扱

いに関すること（減給その他給与・一時金・退職金等における不利益な取扱い、損害賠償請求等）、精神上・生活上の取扱いに関すること（事実上の嫌がらせ等）を意味する。公益通報者に対する報復防止が重視されることは海外子会社が所在する国及び地域の公益通報者保護法も概ね同様であるとの前提が妥当すると考えてよいと思われる。例えば、欧州公益通報者保護指令上も、公益通報者に対するいかなる不利益処分も禁止し（同19条）、これにより報復を防止しようとする。解雇や停職はもとより、経済的損失（機会損失や収入減少を含む）を生じさせる行為、専門性を養うための機会（研修等）の不提供、勤務評定又は推薦状における否定的な評価等が例示列挙されている。公益通報者が不利益取扱いの存在を立証した場合には、当該不利益取扱いは通報等に対する報復のために行われたものと推定される。そのため、事業者は、不利益取扱いが正当な理由に基づき行われたものであることを立証する必要が生じる（同21条5項）。かかる立証に成功しない場合、公益通報者が被った損害の補償と救済が必要となる（同21条8項）。なお、このような不利益取扱いを含む公益通報者に対する報復行為を防ぐ措置として、指針の解説は、労働者等及び役員に対する教育・周知、内部公益通報受付窓口において不利益な取扱いに関する相談受付、被通報者が、公益通報者の存在を知りうる場合には、被通報者が公益通報者に対して解雇その他不利益な取扱いを行うことがないよう、被通報者に対するその旨の注意喚起等の措置を講じ、公益通報者の保護の徹底を図ることといった措置を指摘する（同第3、Ⅱ、2⑴③）。また、不利益取扱いの有無を把握する措置として、公益通報者に対して能動的に確認する、不利益な取扱いを受けた際には内部公益通報受付窓口等の担当部署に連絡するようその旨と当該部署名を公益通報者にあらかじめ伝えておくことが挙げられる（同）。親会社にて海外子会社からの通報も受け付ける建付けを採用する場合には、通報者へのフォローアップや保護を要請する等、海外子会社において通報者が解雇その他不利益な取扱いを受けないよう必要な措置を講ずること、また、海外子会社にて是正措置等が十分に機能しているかを確認する必要があろう（同④）。なお、欧州公益通報者保護指令の場合には、当該指令の法的効果として、名誉棄損、著作権侵害、秘密漏洩、データ保護ルール違反、営業秘密漏洩又は補償請求のための私法上、公法上又は労働組合法上の手続を含む法的手続において、同指令で定義される通報者の範囲に含まれる者は、同指令に基づく通報又は公の開示の結

果について一切損害賠償責任を負わない（同21条7項）。公益通報者保護法
ではこのような効果は当然に認められるわけではないが、合理的な理由に基
づく公益内部通報を原因として、公益通報者に対して、名誉棄損、著作権侵
害、秘密漏洩、データ保護ルール違反、営業秘密漏洩又は補償請求のための
法的手続が提起される場合には、親会社及び海外子会社にて、当該法的手続
に対処し（弁護士費用の負担も含む）、公益通報者を保護する必要があろう。

　ii　範囲外共有等の防止に関する措置

　指針の解説によると、事業者の労働者及び役員等が範囲外共有を行うこと
を防ぐための措置をとり、仮に範囲外共有が行われた場合には、適切な救
済・回復の措置をとること、事業者の労働者及び役員等が、公益通報者を特
定した上でなければ必要性の高い調査が実施できないなどのやむを得ない場
合を除いて、通報者の探索を行うことを防ぐための措置をとること、及び範
囲外共有や通報者の探索が行われた場合に、当該行為を行った労働者及び役
員等に対して、行為態様、被害の程度、その他情状等の諸般の事情を考慮し
て、懲戒処分その他適切な措置をとることが必要であるとされる（同第3、
Ⅱ、2⑵①）。海外子会社からの通報も含め、通報事実については、通報事案
に係る記録・資料を閲覧・共有することが可能な者を必要最小限に限定し、
その範囲を明確に確認する、通報事案に係る記録・資料は施錠管理して秘密
性を徹底する、内部公益通報受付窓口を経由した内部公益通報の受付方法と
しては、電話、FAX、電子メール、ウェブサイト等、様々な手段が考えられ
るが、内部公益通報を受け付ける際には、専用の電話番号や専用メールアド
レスを設ける、勤務時間外に個室や事業所外で面談する公益通報に関する記
録の保管方法やアクセス権限等を規程において明確にする、公益通報者を特
定させる事項の秘匿性に関する社内教育を実施するといった対応が必要であ
ろう（同③）。

　ウ　内部公益通報対応体制を実効的に機能させるための措置

　i　労働者等及び役員並びに退職者に対する教育・周知に関する措置

　指針によると、公益通報者保護法や内部公益通報対応体制について、労働
者等及び役員並びに退職者に対して教育・周知を行うとともに、従事者に対
しては、公益通報者を特定させる事項の取扱いについて、特に十分に教育を
行うこと、また、労働者等及び役員並びに退職者から寄せられる、内部公益
通報対応体制の仕組みや不利益な取扱いに関する質問・相談に対応する必要

があるとされる（同第 3、Ⅱ、3⑴①）。なお、「退職者」とは退職後 1 年以内のものを指す（公益通報者保護法 2 条 1 項 1 号）。海外子会社からの内部通報も受け付けるグループ内部通報制度を採用する場合には、海外子会社にての教育・周知徹底も必要であろう（指針第 3、Ⅱ、3⑴④）。

　ⅱ　是正措置等の通知に関する措置

　指針によると、書面により内部公益通報を受けた場合において、当該内部公益通報に係る通報対象事実の中止その他是正に必要な措置をとったときはその旨を、当該内部公益通報に係る通報対象事実がないときはその旨を、適正な業務の遂行及び利害関係人の秘密、信用、名誉、プライバシー等の保護に支障がない範囲において、当該内部公益通報を行った者に対し、速やかに通知する必要があるとされる（同第 3、Ⅱ、3⑵①）。通知に際しては、通知するまでの具体的な期間を示す（受付から 20 日以内に調査開始の有無を伝える等）、是正措置等の通知のほかに、例えば、内部公益通報の受付や調査の開始についても通知する等、適正な業務の遂行等に支障が生じない範囲内において、公益通報者に対してより充実した情報提供を行うことが望ましいとされる（同④）。海外子会社が所在する国・地域の公益通報者保護法では、欧州公益通報者保護指令のようにフィードバック義務を定めている場合もある。グループ内部通報制度を採用する場合には、一定の時期を定めた上でのフィードバック義務を事前に定めておく必要があろう。

　ⅲ　記録の保管、見直し・改善、運用実績の労働者等及び役員への開示に関する措置

　指針によると、内部公益通報への対応に関する記録を作成し、適切な期間保管すること、内部公益通報対応体制の定期的な評価・点検を実施し、必要に応じて内部公益通報対応体制の改善を行うこと、及び内部公益通報受付窓口に寄せられた内部公益通報に関する運用実績の概要を、適正な業務の遂行及び利害関係人の秘密、信用、名誉、プライバシー等の保護に支障がない範囲において労働者等及び役員に開示することがそれぞれ求められるとされる（同第 3、Ⅱ、3⑶①）。海外子会社が所在する国及び地域の内部通報者保護法にても同様の義務が存在する場合がありうることを勘案すると、海外子会社からの内部通報も受け付けるグループ内部通報制度を採用する場合には、海外子会社からの内部通報についてもこのような記録の保管や制度の見直し・改善、運用実績の労働者等及び役員への開示を実施するのが穏当であろう。

⑶　内部通報制度の周知徹底

　海外子会社において内部通報制度を導入しても、実際に制度が利用されなければ意味がないため、通報制度の周知徹底は最も重要である。事実、海外子会社にて内部通報制度を導入しながら、利用が進まず、不祥事が発生してしまっている事例もある[53]。海外子会社においては、内部通報受付後の情報の伝達経路、調査主体についても説明し、積極的な利用を促したいところではある。周知の方法としては、イントラネットでの掲示、社内説明の実施、リーフレットの交付等が考えられる。また、経営トップのメッセージを明確かつ効果的に伝達してグループ全体に浸透させること、通報者の保護の徹底やリーニエンシー制度の採用等も有効策であるとされる[54]。通報内容は兎も角として、まずは通報件数を増やし、内部通報制度が有効に機能している外形を整えたいところである。

---

53)　例えば、KDDI 株式会社に対する 2015 年 8 月 21 日付け調査報告書（公表版）17 頁
　　（http://news.kddi.com/kddi/corporate/ir-news/2015/08/21/pdf/20150821_jp.pdf）。
54)　前掲 48 頁。

第4章

海外子会社における
実効的コンプライアンス・プログラムの枠組み

1 問題の所在

　日本企業の海外子会社におけるコンプライアンスの重要性が叫ばれてから久しい。既に、少なくない日本企業が海外子会社を含めたグループとして何らかの形でコンプライアンス・プログラムを準備し、これを運用していることは想像に難くない。しかし、単にコンプライアンス・プログラムを準備してこれを運用すれば、本当に十分なのだろうか。社内における違法行為を未然に予防し、経営者としての善管注意義務を全うすることができるのだろうか。社内における違法行為の発生を防ぐのに十分な効果を発揮するのであろうか。このような問題提起は、日本企業の経営陣を占めるビジネスマンが実務の最前線にいた30年〜40年前であれば、およそ検討の必要がなかったであろう。しかし、30年〜40年前と、現在では、執行環境が劇的に変化をしてきている。一例を挙げれば、2010年2月から摘発が始まった自動車部品国際カルテルでは、米国のみでみても、日本企業を中心に約47社が総額約29億ドル以上の罰金を科され、65人以上が訴追の対象となり、約35人がカルフォルニア州ロムポック（LOMPOC）にある収容施設（Federal Correction Institution）に収監され、服役を余儀なくされており、米国以外でも、日本、欧州連合、中国、シンガポール、オーストラリア、カナダ、韓国、インド、メキシコ、ブラジル、南アフリカ、ロシア等において被疑事業者として日本企業が執行の対象になった。これらの事例には本社とともに、あるいは海外子会社がむしろ中核的な役割を果たして国際カルテルを形成した事例も散見されることに留意すべきであろう。本社のみならず、海外子会社にても、実効性のあるコンプライアンス・プログラムを徹底する必要性が少なくないのは、このような実際の摘発例からも導かれる。

　また、違法行為の再発防止の徹底及びその手段としての実効的なコンプライアンス・プログラムを運用する重要性は、米国司法省が繰り返し指摘をしているところである。2014 年 9 月 9 日及び 10 日に公表された米国司法省反トラスト局司法次官補 William Baer 氏[1] 及び同局刑事執行部門の司法副次官補である Brent Snyder 氏[2] の各方針、並びに同年 9 月 17 日[3] 及び 10 月 7 日[4] の刑事局首席副次官補 Marshall L. Miller の発言（「本件方針等」）を通じて、米国司法省は、コンプライアンス・プログラムを有しているだけでは意味がないことを改めて確認している。Snyder 氏は、この点、本件指針等において、「コンプライアンスプログラムが真の意味で十分に実施されていれば、企業が価格協定、談合、市場割当てなどを共謀することを防ぐことができるはずであり、あるいは、少なくとも、共謀の開始直後に発見し、中止することができるはずである」、「コンプライアンスを有利に扱うためには、企業はそのプログラム又はプログラムの強化が単なる見せかけでないことを証明する必要がある」と指摘し、違法行為を防ぐ上でコンプライアンス・プログラムの充実が欠かせないとする。ここで、本件方針等が意図しているのは、親会社のみならず海外子会社を含めたグループ全般であることに留意すべきであろう。

　そこで、コンプライアンス・プログラムとはどの程度の水準のものを準備すれば十分であるのか、とりわけ海外子会社についてはどの程度充実したものが必要となるのかが問題となるが、この点、米国量刑ガイドラインが規定する「実効性のあるコンプライアンス及び倫理プログラム」（U.S.S.C. § 8C2.5 (f)）は、海外子会社にて導入すべきコンプライアンス・プログラムを検討する上で、その指標となるものである。確かに、実効性のあるコンプライアンス及び倫理プログラムを実現するためには、単に海外子会社だけではなく、親会社も含めたグループ全体としてコンプライアンスを企業理念の一部

1) Bill Bear, Prosecuting Antitrust Crimes (September 10, 2014).
2) Brent Snyder, Compliance is a Culture, Not Just a Policy (September 9, 2014).
3) Marshall L. Miller, Remarks by Principal Deputy Assistant Attorney General for the Criminal Division Marshall L. Miller at the Global Investigation Review Program (September 17, 2014).
4) Marshall L. Miller, Remarks by Principal Deputy Assistant Attorney General for the Criminal Division Marshall L. Miller at the Advanced Compliance and Ethics Workshop (October 7, 2014).

に据えて企業文化を変える必要があり、単にコンプライアンス・プログラム
を準備して運用することと比較すれば、投資すべき労力は多大に上る。日本
企業にとっては、これほどの投資をコンプライアンスの実現に費やす必要が
あることを理解するのに困難を経験することもあることは想像に難くない。
Snyder 氏が指摘するように、「プログラム又はプログラムの強化が単なる見
せかけ」に留まってしまう例もなくはない。米国司法省が摘発した案件で
も、コンプライアンス・プログラムを導入していつつも、企業文化を変える
ことができず、違法行為が発生してしまっている例も散見される。しかしな
がら、他方で、米国司法省との司法取引の過程では、被疑事業会社のコンプ
ライアンス・プログラムの有効性を分析する際に、実効性のあるコンプライ
アンス及び倫理プログラムの要件を満たしているか否かという観点から企業
グループ全体のコンプライアンスの徹底度合いを分析しているのが実情であ
る。海外子会社を含めた企業グループ全体のコンプライアンス・プログラム
の水準を考えるときに、これが目指すべき国際的な水準となる側面は否めな
いといえる。

　そこで、以下、実効性のあるコンプライアンス及び倫理プログラムの内実
について解説をしたい。

2　実効性のあるコンプライアンス及び倫理プログラムについて

　量刑ガイドラインは、実効性のあるコンプライアンス及び倫理プログラム
（U.S.S.C. § 8C2.5（f））の有無が、責任スコアの算出の際の一要素であるとし、
その上で、実効性のあるコンプライアンス及び倫理プログラムための要素を
表 1 記載のとおり列記している。以下、各要素について検討する。

表 1　量刑ガイドラインによる責任ポイントの算定要素

1	役員等の関与及び法人の規模
2	同種行為の前科・前歴
3	命令違反
4	司法妨害
5	実効性のあるコンプライアンス及び倫理プログラム
6	報告・協力・責任の引き受け

⑴ 刑事犯罪を防止し、摘発するための合理的なコンプライアンス基準と手続を制定すること（U.S.S.C. § 8B2.1 ⒝ ⑴）

① コンプライアンスの基準と手続の合理性

コンプライアンスの基準と手続とは、従業員の行為規範（何を禁止するのかという行為基準）とこれを実現する手続（行為規範違反を特定したり、再発防止のための手続）を意味する。米国司法省が従前繰り返し指摘し、合衆国連邦検察官マニュアル（U.S. Attorneys' Manual）（「U.S.A.M.」）、の Principles of Federal Prosecution（刑事訴追に関する原則）にも明記され、かつ、本件方針等において Miller 氏も触れるところであるが、コンプライアンス・プログラムは、社内における違法行為を防止及び摘発し、個人責任の明確化が実現できる必要があり、コンプライアンス基準と手続の合理性も、当該目的の実現に資するか否かという観点から分析することになる。

前述のとおり、コンプライアンスの基準とは、従業員に対する行動規範・指針である。当該基準・指針は、事業環境に即したものである必要がある。とりわけ海外子会社の法令違反のリスクは、海外子会社それぞれの事業内容や市場環境等によって千差万別であるため、モデル・コンプライアンス・プログラムのような形で一律に提示されている施策や親会社が採用するコンプライアンス基準と手続をそのまま取り入れても海外子会社の実情に即したコンプライアンス・プログラムにはならない[5]。親会社のコンプライアンス・プログラムをそのまま導入する場合、海外子会社にてのコンプライアンスの合理性が否認される結果ともなりかねない。コンプライアンス・プログラムを構築するためには海外子会社固有のリスクに着目し、それに対応する施策を検討していくことが重要である。海外子会社において対処しなければならないリスクを特定するためには、海外子会社の事業規模、事業内容、組織風土等の内的要因や業界実態、市場環境、関連法制度等の外的要因についての事前調査が不可欠であり、これに加えて、過去に違法行為が発生した可能性があるのか否か、そのような可能性がある場合、どのような証拠から認定できるのか、想定される違法行為はどのようなものかについて分析が欠かせな

---

5) The Criminal Division of the U.S. Department of Justice and the Enforcement Division of the U.S. Securities and Exchange Commission, A Resource Guide to the U.S. Foreign Corrupt Practices Act, at 60 (Second Edition) (July 2020).

い。この点、米国司法省刑事局詐欺課（U.S. Department of Justice, Criminal Division, Fraud Section）（「詐欺課」）及び米国証券取引委員会（The U.S. Securities and Exchange Commission）は、繰り返し、コンプライアンス・プログラム全般の合理性の前提問題として、情報収集とそれに基づくリスク分析の重要性を指摘する[6]。その上で、合理的なリスク分析を実施して、コンプライアンスの基準を定め、リスクが高い分野に資源を多く割いてコンプライアンスの実現に努めた結果、リスクが低いと分析した分野における違法行為の発生を防げなかったとしても、当該コンプライアンス・プログラムの合理性を評価すること、また、上記のようなリスク分析を怠ったために、経済的に重要で、リスクが高い分野における違法行為の発生を防げなかった場合には、コンプライアンス・プログラムに対する評価は低くなる旨指摘する。このような観点からは、海外子会社におけるコンプライアンスの基準とそれを実現する手段としての手続を制定する場合、海外子会社の内的要因や外的要因に対する調査、従業員に対するインタビュー、場合によっては、サンプリングによるメールやチャットの抽出及び分析などを通じた海外子会社固有の事情についての事実収集とそれに基づく評価が必須不可欠であり、海外子会社における実効性のあるコンプライアンス・プログラムの運用を考えた場合、その前提環境として経営管理契約の締結及びそれに基づき法的権利として海外子会社に対して情報提供を請求できる環境の確保が欠かせない。第２章の経営管理契約3.3では、営業情報、経理情報、財務情報といった業務執行に関わる情報のみならず、親会社による内部監査に必要な情報や親会社監査役又は会計監査人の監査に必要な情報も適時に提供されることが確保され、また、海外子会社において情報提供を拒否又は遅延する場合には、強制的に海外子会社調査を実施し、情報を収集することができる建付けとなっているが、これは、詐欺課及び米国証券取引委員会において、コンプライアンス・プログラムを導入する前提として収集された情報の完全性や包括性を重視するという方針を前提とするものである。

---

6) Id. at 60.

②　合理性の分析指標

　詐欺課は、「Evaluation of Corporate Compliance Programs」[7] と題するガイドライン（「コンプライアンスガイドライン」）を公表し、どのような見地から、コンプライアンス及び倫理プログラムの実効性を分析するのかを明らかにしている。また、米国司法省反トラスト局は、同様に、2019 年 7 月 11 日、「Evaluation of Corporate Compliance Programs in Criminal Antitrust Investigations」（「反トラスト局ガイドライン」）[8] を公表し、コンプライアンス・プログラムの有効性・実効性に対する判断及びその効果についての反トラスト局の考え方を明らかにしている。いずれも、合理的なコンプライアンス基準と手続の内実について、米国連邦政府として指針を解説しているので、以下、詐欺課及び反トラスト局双方の指針を中心に分析する。

　ア　リスク分析

　詐欺課は、コンプライアンスガイドラインにおいて、コンプライアンス・プログラムの有効性分析の前提として、リスク分析が必要不可欠であるとする。コンプライアンス・プログラムの前提としてリスク分析を先行させ、リスク評価に基づきコンプライアンス・プログラムを策定すべきであるとするものであり、海外子会社におけるコンプライアンス・プログラムの導入に際して、リスク分析がなされていなかったり、リスク分析を実施しているものの前提情報の収集が不十分である場合、コンプライアンス・プログラムの内実についての分析を経るまでもなく、その合理性は否認されることとなる[9]。そのため、詐欺課の指針を前提とする限り、海外子会社についてコンプライアンス・プログラムを導入する場合、海外子会社の事業規模、事業内容、組織風土等の内的要因や業界実態、市場環境、関連法制度等の外的要因についての事前調査、従業員に対するインタビュー、場合によっては、サンプリングによるメールやチャットの抽出及び分析などを通じた海外子会社固有の事情についての事実収集が必須不可欠であろう。なお、詐欺課は、メールや

7）Department of Justice, Evaluation of Corporate Compliance Programs（Feb. 8, 2017, last update June 1, 2020）.

8）U.S. Department of Justice Antitrust Division, Evaluation of Corporate Compliance Programs in Criminal Antitrust Investigations（July 11, 2019）.

9）詐欺課との司法取引ではこの点が顕著である。例えば、筆者担当案件における 2015 年 4 月 23 日の司法取引。

チャットのサンプル調査について、カストディアンの選定理由や抽出期間の特定理由、キーワードの選定理由について、逐一確認する。また、詐欺課は、サンプリング調査に際して TAR（Technology Assisted Review）を用いる合理性を認めているものの、Recall Rate（TAR を用いることでどの程度対象となる文書を正確に網羅できたかを測定する指標）、Precision Rate（TAR により関係すると判定されたデータの中で実際に関係するデータの割合）及び Elusion Rate（TAR により関連ないと判定されたデータの中に実際には関連するデータが含まれていた割合）の 3 点について開示を求め、その合理性を検証する。また、反トラスト局は、入札談合のリスク分析のために、過去の入札情報を収集すべき必要性を特に指摘する。親会社である日本企業の多くは、海外子会社のコンプライアンスはそれほど重視せず、コスト抑制を優先して、親会社のコンプライアンス・プログラムをそのまま導入しようとするあまり、そもそも、海外子会社に対するリスク分析すら実施していない例が多いと思われる。しかしながら、詐欺課の指針やこれを前提とした日本企業以外の企業の対応は念頭に置く必要があろう。海外子会社における実効性のあるコンプライアンス・プログラムの運用を考えた場合、その前提環境として経営管理契約の締結及びそれに基づき法的権利として海外子会社に対して情報提供を請求できる前提状況の確保が欠かせない。前掲の経営管理契約 3.3 では、営業情報、経理情報、財務情報といった業務執行に関わる情報のみならず、親会社による内部監査に必要な情報や親会社監査役又は会計監査人の監査に必要な情報も適時に提供されることが確保され、また、海外子会社において情報提供を拒否又は遅延する場合には、強制的に海外子会社調査を実施し、情報を広範に収集することができる建付けとなっているが、これは詐欺課の指針を念頭に置いたものである。

　収集した情報に基づいて、違法行為が生じるリスクを評価することになる。詐欺課及び反トラスト局がいずれも指摘するところであるが、リスク評価については適宜更新の必要がある。反トラスト局は、引抜防止協定の違法性については周知徹底が足りておらず、一般的には違法行為が生じるリスクが高めであるとして、勧誘及び採用を担当する人事関係者及び上級職員に対して特定のコンプライアンス・トレーニングを提供すべきことを特に指摘している。また、反トラスト局は、技術革新によるリスクの変化についても評価対象にすべきことを指摘する。前述の自動車部品カルテルでは、カルテル

の立証手段として電子メールが中核証拠であった。ところが、その後、電子メールを用いて競争事業者との情報交換をしたり、それを社内共有することは圧倒的に少なくなり、電子メール以外の、新しく、かつ、便利な連絡手段（チャットや Teams 等）が用いられるようになってきている。このような新技術について十分なリスク評価がなされるべきことを反トラスト局は特に指摘しているのである。

　なお、詐欺課が繰り返し指摘するとおり、海外子会社にて導入するコンプライアンス・プログラムでは、リスク分析を前提として、リスクが高い事業分野又は法令についてはトレーニングや定期及び抜打監査を毎年実施する等、重点的に対応する一方、リスクの高くない分野については数年間隔でのe-learning の実施に留めるなど、選択する手段について濃淡をつける必要がある。さらに、グループ全体の事例や他社事例の分析、海外子会社の情報収集及びリスク分析は定期的に実施し、コンプライアンス・プログラムは定期的に更新する必要がある。実務的には、海外子会社を含めたグループ全体の状況及びコンプライアンス・プログラムの運用状況について、年一回、現状分析及び評価を行い、親会社の取締役会に報告し、それにより、定期的なコンプライアンス・プログラムの更新を実施するのが望ましい。

　イ　方針と手続（Policy and Procedure）の合理性
　i　制定過程の合理性
　上記のリスク分析に基づき、海外子会社におけるコンプライアンスの基準と手続を定めることになるが、詐欺課は、総論として、行動規範（Code of Conduct）を通じて海外子会社を含めたグループ全体として法令を遵守することについての確約（commitment）がなされているかどうかを重視する。その上で、方針と手続の合理性が確保されるためには、制定過程の合理性が必須不可欠であると詐欺課は指摘する。

　詐欺課が公表する指針を前提とする限り、海外子会社におけるコンプライアンスの基準と手続を制定するにあたっては、方針や手続の社内展開前に海外子会社の各部署・部門に照会し意見を求め、方針と手続が、海外子会社の実際の業務に即したものになるようにする必要がある。また、海外子会社の各部署・部門にて意見を表明する機会を確保するという適正手続確保の側面もあろう。他方、方針や手順の制定そのものには業務執行関係者を関与させてはならない。利益相反のおそれがあるためである。意見聴取の機会の付与

により意見を述べ情報提供の機会を確保する一方で、収集した情報に基づき最終的に方針及び手続を決定するのは、業務執行部門から独立したリスク管理、コンプライアンス、財務・経理等の内部統制部門や経営陣から完全に独立した内部監査部門である必要がある。

　方針及び手続は海外子会社の標準言語で作成し、かつ、海外子会社の従業員においていつでも参照できるようハードコピーを配布するとともに、最新版の方針と手続イントラネットの掲示板に掲載する、スマートフォンのアプリで閲覧可能とするといった工夫が必要となろう。

　ⅱ　内容の合理性

　この点、詐欺課及び反トラスト局は、①コンプライアンスの方針を策定するに際して、証拠隠滅及び司法妨害が禁止されていることを組み込むべきこと、②コンプライアンスの方針及び手続が内部統制の手続により強化されるよう制度設計すること、③各種の手続において承認すべき立場の従業員に対して、どのような観点で何を検討し、問題がある場合には、どの上長に相談すべきか教育と情報提供すべきことを指摘する。なお、バイデン政権下にて公表された Second Monaco Memo[10] において、連邦政府は、コンプライアンス・プログラムが効果的であるためには、スマートフォン等の個人用通信機器と第三者が管理するメッセージ・プラットフォームを業務に用いる場合の明確な方針を策定し、業務に関連する情報を保存する必要があると指摘する。また、連邦政府は、米国国内に所在する関連書類を保存・提供するのみならず、海外に所在する関連書類保存・提供すべきことを指摘している。証拠隠滅及び司法妨害に関する教育・研修については、米国国内に所在する子会社のみならず、海外子会社一般にて実施する必要があろう。反トラスト法及び競争法違反行為を防止するための手続として、日本企業及びその海外子会社の多くは、競争事業者の関係者と接触する可能性があるときに、上長に対して事前申請して承認をうるという手続を採用している。反トラスト局ガイドラインには「does the company have a way of tracking business contacts with competitors」という記載があり、事前承認制度の導入を推奨しているようにもみえるが、むしろ、内部統制の観点から、競争事業者との接触機会が記録

10）Lisa Monaco, Further Revisions to Corporate Criminal Enforcement Policies Following Discussions with Corporate Crime Advisory Group（Sep 15, 2022）.

化され、内部統制監査の際に検証可能な体裁となっているか否かを重視する記載であり、前述の事前届出及び許可制度を推奨することを意図した記載ではないと理解するのが穏当であろう。

③　法令対応（総論）

　海外子会社において定めたコンプライアンス基準（行動規範）に関連して生じる日常的な法律問題（特定の行為がコンプライアンス基準に抵触するかどうかの判断）については、現地の法律事務所の助言を得ながら対処するのが通常であろう。しかしながら、①米国の海外腐敗行為防止法（The Foreign Corrupt Practices Act of 1977（「FCPA」））等の賄賂法制、②米国反トラスト法やEU競争法等の反トラスト法・競争法、及び③個人情報保護法等、域外適用のある法制度については、違反行為が発生した場合に、海外子会社のみならず、グループ全体に及ぼす影響が少なくなく、また、海外子会社及び親会社にて連携し、共通に対処すべき法的課題でもある。グループとしての統一性を確保する意味からも、海外子会社にてこれらの法制度を遵守するための基準と手続の導入に際しては、前掲の経営管理契約別紙A、6に基づき、親会社にても、基準と手続の作成に関与し、また、日常的な法律問題についても、親会社の法務部にて知見を蓄積し、海外子会社からの照会に対して回答可能な状態にしておきたいところではある。以下、上記の3類型について、親会社及び海外子会社双方にて、基準と手続策定に際して、押さえておくべき要点について概観する。

④　賄賂法制
ア　執行環境

　中国、東南アジア、ロシア、南米、アフリカ等の諸国においては、いわば悪しきビジネス慣習として汚職が横行している。かかる国でビジネスを行う場合、公務員から賄賂を要求されることが多く、拒絶した場合には、必要な許認可が得られなかったり、業務停止命令を受けたり、入札手続で不利に取り扱われたり、難癖を付けられて工事代金の支払いを受けることができなかったりすることがある。これらの国で、贈収賄が処罰されないわけではない。従前より、かかる国においても刑法などにより自国の公務員に対する贈収賄は禁止されてきた。特に中国やベトナムなどの共産圏では収賄行為の最

高刑として死刑を定めるなど、法律自体は極めて厳格なものである。しかし、途上国における反汚職法については、執行が極めて低調であるか、あるいは政治的な意図に左右される場合が多い。したがって、かかる国に展開する企業が事業活動において公務員の要求に応じて贈賄行為を行っても、支払う相手さえ間違えなければ政権交代などが生じない限り問題になることはなかった。つまり、従前は、日本企業を含む国際企業において、現地のビジネス慣習として、「郷に入っては郷に従え」のアプローチがとられてきたと言っても過言ではない。しかし、2004 年頃から FCPA の執行が強化され、米国企業のみならず日本企業を含む国際企業に対して、1 件数百億円を超える罰金が科せられはじめ、担当者が実刑を受ける自体に直面し、様相が一変してきている。

　イ　海外贈収賄汚職リスクに関わる主要規制

　i　FCPA

　　a　制定経緯

　FCPA とは、外国公務員に対する贈賄を禁止・処罰する米国の連邦法である。この法律は、1970 年代初め、米国においてウォーターゲート事件が発生し、それに続く田中角栄元首相等が有罪判決を受けたロッキード事件を含め、米国企業が国際取引において汚職に手を染めている実態が発覚し社会問題化したことに端を発して制定されたものである。この際、400 社を超える米国企業が海外で外国公務員に対して贈賄を行っていることが報告された。このような経緯により、FCPA は、1977 年、企業の品位と信頼を保つため、外国公務員に対する贈賄をも処罰するため法制化された。その後、1988 年、FCPA の改正が行われ、現地法上適法な行為、及び合理的かつ善意で行われる販売促進のための支出を処罰しない旨の例外が加えられた。また、1998 年、米国内で行為の一部を行う外国人処罰、国連等の国際機関の担当者への贈賄の処罰等の追加を行うべく、改正がなされた。ところが、FCPA はほとんど執行されず、2004 年頃になって積極的に執行されるようになった。その背景事情については、様々なことが言われているが、ブッシュ政権のもと、テロとの戦いにおいて、賄賂が独裁政権の重要な財源になっていることに着目されて執行が強化されたと考えられる。

　　b　賄賂禁止条項と会計内部統制条項

　FCPA には、2 種類の規範がある。それは、賄賂禁止条項と会計内部統制

条項である。

　前者の賄賂禁止条項とは、外国公務員に対して、賄賂の支払い、その申し込み、約束、それらの承認を行ってはならないという条項である。

　他方、後者の会計・内部統制条項とは、正確かつ適正な会計帳簿を作成し、取引及び資産を管理して記録する内部統制を確立し、故意に虚偽の記録を行い、又は内部統制確立を怠たることを禁ずるものである。これは、企業が賄賂を支払ったとしてもそれを「賄賂」として計上することはほぼあり得ないことに着目したものである。すなわち、賄賂を支払っても、「販売管理費」、「販売促進費」、「コンサルティング費用」等の虚偽の名目で計上されることが通常である。

　　c　適用範囲

　FCPAはどのようなメカニズムで日本企業に適用されるのであろうか。そもそも、FCPAも外国法である以上、全く米国と関係がない場合、日本企業には適用されない。

　しかしながら、FCPAは、極めて広い適用範囲を有している。

　法令上、定められているのは、①米国で上場している企業等の継続開示企業、②米国市民、米国法人等、及び③米国で行為の一部を行った者である。さらに、これらの者との関係で、④共謀、幇助を行った者も適用対象となる。

　これを日本企業に当てはめると、①日本企業の中にも20社程度、米国で上場している企業があり、②日本企業が米国法人を子会社として持っていることが多く、③賄賂を支払う際に、米国で行為の一部をすることが多い。特に、③に関しては、米ドルで賄賂を送金した場合でも、米国で行為の一部をしたとみなされるリスクがある。また、④米国企業などと合弁会社を設立し、合弁会社を通じて贈収賄が行われた場合には、米国会社との共謀罪が認められる。

　　ⅱ　UKBA

Bribery Act 2010（「UKBA」）とは、贈収賄を禁止処罰する英国法であり、2010年4月8日に成立し、2011年7月1日より施行されている。同法上、「英国内において事業を行う企業」が自らに関する不正行為を防止できなかった場合、当該企業の本拠地や不正行為が行われた場所を問わず、当該企業に当該不正行為に関する厳格責任を負わせるという全く新しい仕組みが導入され

た。

a　適用対象

UKBA の適用対象となる法人は「a body which is incorporated under the law of any part of the United Kingdom and which carries on a business (whether there or elsewhere)」（同 7 条(5)(a)）と定義される。これは英国法に準拠して設立された法人を指す。親会社である日本企業が英国法に従って設立した海外子会社はこの定義に該当する。また、「any other body corporate (wherever incorporated) which carries on a business, or part of a business, in any part of the United Kingdom」（同(b)）も適用対象となる。これは、英国のどこかで事業の一部又は全部を行う法人を意味する。そのため、親会社である日本企業が英国に駐在事務所などを置いて直接事業活動を行っていれば、親会社自身が適用対象となる。また、親会社である日本企業が海外子会社を利用して事業の一部を行っていると認められてしまうと、海外子会社のみならず、親会社についても、UKBA の適用対象となる。

b　禁止行為

UKBA は禁止行為を「A relevant commercial organisation ("C") is guilty of an offence under this section if a person ("A") associated with C bribes another person intending」、「(a) to obtain or retain business for C, or (b) to obtain or retain an advantage in the conduct of business for C」（同条(1)）と定義する。7 条の賄賂防止義務を負う企業の従業員や役員が、当該会社のための取引を得たり、これを保持するためや、事業上の利益を得たり、これを保持するために、他人に賄賂を渡すことを禁止する。なお、贈賄の主体は広くとらえられていて、上記の従業員や役員のほか、代理店（Agent）なども含まれる可能性がある。また、賄賂を収受する側は「公務員」に限定されない。相手が民間人であっても該当する。また、税関などで手続きを円滑に行なってもらうために払う手数料としてのいわゆる Facilitation Payment についても Facilitation Payment であるからというだけでは免責対象としていない。

iii　不正競争防止法 18 条

外国公務員等に対し、国際的な商取引に関して、営業上の不正の利益を得るために、贈賄等をすることは禁止される（不正競争防止法 18 条 1 項）。その歴史は比較的浅く、1998 年の不正競争防止法の改正により、外国人公務員等に対する不正の利益の供与等を禁止する一連の規定が追加され、1999 年 2

月より施行された（「外国公務員贈賄罪」）。これは、1997年、日本も加盟国となっている経済協力開発機構の外国公務員贈賄防止条約（国際商取引における外国公務員に対する贈賄の防止に関する条約）の採択に対応したものである。本規制の名宛人は「何人も」であり、（国籍を問わず）規制対象行為（の全部又は一部）を日本国内で行った場合や日本人が国外で規制対象行為を行った場合が含まれる。また、「国際的な商取引」とは貿易や対外投資など国境を越えた経済活動に係る行為を意味すると一般的に解されている。

　「営業上の不正の利益を得るため」との目的要件が存在する。「不正の利益」には、外国公務員等に対する利益の供与等を通じて自己に有利な形で当該外国公務員等の裁量を行使させることによって獲得する利益や、外国公務員等に対する利益の供与等を通じて違法な行為をさせることによって獲得する利益が含まれると解されている。「職務に関する行為」とは外国公務員等の職務権限の範囲内にある行為のほか、職務と密接に関連する行為も含むと解されている。また、「金銭その他の利益」には財産上の利益にとどまらず、およそ人の需要・欲望を満足させるに足りるものも含むと解されている。

　不正競争防止法18条2項は、供与先である「外国公務員等」の範囲を定めており、具体的には、①外国の政府又は地方公共団体の公務に従事する者、②外国の政府関係機関の事務に従事する者、③外国の公的な企業の事務に従事する者、④公的国際機関の公務に従事する者及び⑤外国政府等から権限の委任を受けている者が含まれる。

　ウ　海外贈収賄汚職リスク特有の基準及び手続
　贈賄リスクはその事業を行う地域、業種等で企業ごとに異なっており、どのような企業にも一律に当てはまるコンプライアンス制度はない。特に、低リスク分野でいかに複雑な手続を定めたとしても、それは経営資源の無駄遣いであり、むしろその分、高リスク分野への対応が手薄になる。ほとんどリスクのない国・地域における安価な贈答品の提供や控えめな接待を承認する手続を定めても時間の無駄になってしまう。それよりも、新興国における巨額の政府関係入札、コンサルタント等への疑わしい支払い、再販業者に対する多額のリベートといったリスク分野に注意を払う必要がある。したがって、国際的に事業を展開する日本企業が制度を策定するにあたっては、まずリスク評価から開始して、リスクの高い分野を特定し、例えば、高リスク分野の事業について、エージェント等について詳細なデューデリジェンスを行

い、内部監査の頻度を高め、トレーニングを頻繁に行うなど risk based approach を採用する必要がある。この点は、詐欺課及び米国証券取引委員会が、いずれも指摘するところである。

　i　反汚職対応に特化した基準及び手続整備の必要性

　海外贈収賄汚職リスクに効果的に対応するためには、反汚職対応に特化した基準及び手続の整備が必要である。詐欺課とエアバス間の deferred prosecution agreement（「エアバス DPA」）でも、基準及び手続一般ではなく、贈答品や顧客の旅費負担、スポンサーシップ等を対象とした特定の基準及び手続を定めるべきことを指摘する（同 C-3）。前述のとおり、海外贈収賄汚職リスクについては、親会社及び海外子会社共通のリスクであるため、前掲の経営管理契約別紙 A、6 に基づき、親会社にて、基準と手続の作成に主導的に関与することとなろう。

　企業行動規範については、通常、反汚職体制の原則を定めるものであるので、その内容が明確、簡潔であり、かつ全従業員及び企業のために業務を行う者が容易にアクセスすることができるようにしておく必要があり、海外子会社向けに現地語に翻訳することが必要である。また、企業行動規範が一度定められたらそれきりにするのではなく、定期的に問題点を検討し更新しているかが重要であるとする。この点、日本企業の企業行動規範は、欧米企業のそれに比べて極めて簡易なものが多く、企業行動規範に反汚職に関する詳細な文言を挿入することでバランスを失することも多い。したがって、企業行動規範のスタイルを根本的に変更するのでなければ、別途、反汚職基本規程を策定することをもって対応することが考えられる。

　海外子会社における反汚職に関する基準・手続については、内部統制、内部監査、及び記録制度の概要について明記され、懲戒手続についても規定されているかが重要とされている。もちろん、有効な規程・手続は企業ごとに異なるので、その制度設計にあたっては、その提供する製品・サービス、エージェント等の起用の実態、政府関係者との接触、業界、地理的なリスクを検討した上で策定する必要がある。有効な手続の例としては、例えば贈答・接待について、リスクの低い少額なものについては、年間上限額を定めた明確な金額基準を設けて、その範囲内であれば Web 承認等の形式審査のみとし、金額基準を超える場合には法務部門等による実質的な審査・承認を要する形態が考えられる。このように一定の柔軟性を持たせることは、詐欺

課及び米国証券取引委員会が指摘する risk based approach の観点から許容されよう。

　ⅱ　第三者管理について

　賄賂はほとんどの場合、第三者を通じて支払われると言っても過言ではない。企業担当者としては、自ら賄賂を支払うことに強い心理的抵抗を感じることが通常であり、第三者にコンサルタント料等の名目を付けて、賄賂として用いられることをある程度認識しつつ金銭を提供することが多い。したがって、贈賄防止のコンプライアンスの核となるのは第三者管理と言っても過言ではない。実際、詐欺課は、コンプライアンスガイドラインにおいて、第三者管理の重要性を特に指摘する。海外子会社にてコンプライアンス手続を定める際に、第三者管理を組み込む必要があろう。但し、重要であるとはいっても、全ての取引先に対して詳細に監査を実施することは、生産的ではなく、むしろ、リスク評価によって、高リスクのエージェント、事業内容、活動地域、取引の大きさ、性質等について情報収集して焦点を絞ることが要請される。贈賄リスクが高いと判断されたエージェント等に関して、一定の質問票を送るなどして、エージェント等の適格性、業界での評判、外国公務員との関係などを確認すると共に、特にリスクが高いと判断される場合には、追加的な調査が必要となる場合もあろう。リスク・ベースでの第三者監査の必要性は詐欺課が折に触れて言及しているし、詐欺課とゴールドマン・サックス間の deferred prosecution agreement（「ゴールドマン DPA」）[11] でも、第三者に対するデューデリジェンスは、あくまでリスク・ベースで手段を選択すべきことが言及されている（同 C-6）。その他、対価が適正であり、委託内容の妥当性及び明確性を確認し、契約に贈賄防止文言（贈賄行為を行ったことがないこと等の表明保証、監査権、及び違反の場合の解除権を記載）を挿入することも必要である。詐欺課は、定型的・類型的に、海外子会社における外国公務員に対する汚職リスクは高いと分析をしており、司法取引の過程でも、海外子会社におけるコンプライアンスの基準と手続に、第三者管理を組み込むべきことを指摘する。海外子会社のコンプライアンス・プログラム

11）Deferred Prosecution Agreement between United States of America against the Goldman Sachs Group, Inc.,（Cr. No. 20-437（MKB））（https://www.justice.gov/criminal-fraud/file/1329926/download）.

の運用担当者や内部統制の担当者において実施する監査において、第三者を起用する業務上の必要性、支払条件の妥当性、定められた委託業務が遂行されていること、対価と提供される業務とが釣り合っていることを定期的に確認する実務を業務過程に組み込みたいところではある。ゴールドマン DPA では、具体的な手段として、①代理人及びビジネス・パートナー選任時点のデューデリジェンスの実施及び書面化、その後の適切かつ定期的な監督、②代理人及びビジネス・パートナーに対して、反汚職法制、反汚職コンプライアンス、基準及び手続を完全に順守する方針であることを伝えること、及び③代理人及びビジネス・パートナーからも同様の方針を確認すること、第三者を起用するビジネス上の必要性について記録し、当該第三者の外国公務員との関係についてデューデリジェンスを実施すること、第三者との契約では、対象となるサービスは第三者自身が提供すること、その報酬はその業界及び地域の水準に照らして適正であること、トレーニングや監査、毎年実施するコンプライアンス認定を通じて、継続的に、代理人やビジネス・パートナーに対して監査を実施することが、コンプライアンス・プログラムを実効的に機能させる上で必要であるとしている（同 C-6 ないし C-7）。さらに第三者との契約中に、①反汚職及び反汚職法制へのコンプライアンスについての保証表明、②代理人及びビジネス・パートナーの帳簿及び記録等に対する監査権、及び③反汚職法制やコンプライアンス方針等に違反したことを理由とする解除権についての条項を入れるべきであるとする（同 C-7）。

　ⅲ　企業結合

　詐欺課は、コンプライアンスガイドラインにおいて、企業結合の際に実施する対象会社に対するデューデリジェンスの過程で、違法行為のリスク分析を組み込み、特定されたリスクについては、企業結合完了後も、継続的に、監査の対象とすべきことを指摘する。企業結合及びそれに伴うデューデリジェンスは、多くの場合、親会社の経営企画部門や法務部門が主導することとなると思われるが、企業結合時のデューデリジェンス時に特定された違法行為のリスクに対処するための基準と手続の作成及び履行は、海外子会社のコンプライアンス・プログラムの運用担当者の職責になると思われる。通常業務の過程に、これらの基準及び手続を組み込みたいところではある。なお、ゴールドマン DPA でも、企業結合時に、法務、会計及びコンプライアンス部門による反汚職の観点からのデューデリジェンスを実施する基準及び

手続を策定すべきこと、企業結合後、対象会社の役員や代理人・ビジネス・パートナー等の第三者等に対して、反汚職の観点から基準及び手続を解説するトレーニングを実施すること、反汚職の観点からの監査を実施すべきことを指摘する（同 C-8）。

⑤　反トラスト法及び競争法
ア　執行状況等

　海外で事業活動を行う企業にとって、反トラスト法・競争法（独占禁止法を含む）で最もリスクの高い分野はカルテルであることに異論はないであろう。しかも、伝統的に、域外適用が最も活発な分野でもある[12]。カルテル行為は、入札に際して受注者、受注金額を申し合せる入札談合の他に、相見積に際して競合会社間で見積価格や受注者を調整する行為や、生産量、販売先を調整する行為をいう。カルテル行為に対する制裁として、欧州や米国を中心に制裁金、罰金など巨額の違反金が課されてきたが、今や競争法は世界120ヶ国以上が採用し、カルテル行為に対する違反金を課す国が広がりを見せている。また、海外で行われたカルテル行為に対しても自国の反トラスト法・競争法を適用する国が多く、ある海外子会社の従業員が行った行為により、全く別の国の反トラスト法・競争法によりカルテル行為として制裁金が課されることが起きる。現在、各国当局のカルテル調査は、調査対象の会社に対して一定の期限内に情報を提供するよう求め、情報提供の協力姿勢を評価して罰金や制裁金を減額したり、非協力的な姿勢に対して違反金を高くする制度、運用が主流である。価格カルテルが競合間の横の関係で価格を維持する行為なのに対して、メーカーと販売店の縦の関係で価格を維持する行為が再販売価格維持行為である。販売店が販売する価格を指示したり、値下げ幅を制約する再販売価格の拘束は、ほとんどの国で違法とされる。

ⅰ　罰金及び制裁金

　反トラスト法・競争法違反による最も大きなリスクは違反企業に課される罰金及び制裁金である。罰金及び制裁金は、国内あるいは域内で違法行為の

12）いわゆる効果主義をはじめて採用した United States v. Aluminum Co. of America, 148 F.2d 416（2d Cir. 1945）以降、米国のみならず、他の国・地域の反トラスト法・競争法でも、概ね効果主義が採用されている。

対象となった製品又は違法行為により影響を受けた製品の年間売上高に対して一定割合（国・地域により数％から 30％）を掛けた金額を基礎額とし、責任の度合い、違反した年数、違法行為の繰返し、調査への協力の程度により加算、減算して算出されるのが基本である。欧州及び中国など主だった国・地域では、カルテル行為も再販価格維持行為も制裁金の算定には同様の基準が適用される。

　欧州委員会によるカルテルに対する制裁金は、2005 年から 2009 年の 5 年間で年平均 20 億ユーロ弱の制裁金が課されていたのをピークに年々減少していたが、2016 年には再び増えて 37 億ユーロを超えた。2015 年以降の日系企業の関わる案件での制裁金をみると、2015 年に光学ディスクドライブカルテルで 8 社に対して 1 億 1600 万ユーロ（うち日系企業は 4 社で、これら 4 社に対して 1 億 900 万ユーロ）、2016 年にリチウム電池カルテルで 4 社に対して 1 億 6600 万ユーロ（同 3 社に対して 1 億 6600 万ユーロ）の制裁金が課された。また、多くの日系企業が日米欧で摘発され、その後他の国でも摘発が始まった自動車部品カルテルについては、2017 年 11 月までで 29 社に対して 15 億 4000 万ユーロ（同 20 社に対して 6 億 3800 万ユーロ）が課されている。

　米国では、自動車部品カルテルで 47 社に対して 29 億 1000 万ドル（同 41 社に対して 27 億 4000 万ドル）の罰金が課されている。日系企業が関わった最近の大型事件では、2014 年からの海運カルテルで 5 社に対して 2 億 5600 万ドル（同 2 社に対して 1 億 2700 万ドル）が課された。海運カルテルでは、中国で 8 社に 4 億 700 万元（同 4 社に対して 7340 万元）、韓国で 10 社に 249 億ウォン（同 5 社に対して 180 億ウォン）、チリで 6 社に 7500 万ドル（同 3 社に対して 3770 万ドル）が課され、メキシコでも日系 5 社を含む 7 社に 3200 万ドルの罰金が課された。自動車部品カルテルは、日米欧以外では、中国、韓国、カナダ、オーストラリア、シンガポール、ドイツ、メキシコ、ブラジルで制裁金が課されている。

　ii　禁固刑

　罰金及び制裁金の次に大きなリスクは、違反行為に関係した役員、従業員に対する禁固刑である。米国は、カルテルで積極的に禁固刑を活用している。自動車部品カルテルでは個人 65 名以上が起訴され、そのうち少なくとも 35 名が禁固刑となり収監された。このうち日本人は少なくとも 30 名であり、司法取引及び有罪答弁後、自主的に出頭し、米国国内で、1 年 1 日以上、

最長24ヶ月程度服役している[13]。収監先は、大半が、カルフォルニア州ロムポック（LOMPOC）にある収容施設（Federal Correction Institution）であり、一部は、ロサンゼルス郊外にあるタフト矯正施設（Taft Correctional Institution）である。2つの収容施設は、いずれも、minimum security institutions（Federal Prison Camp とも呼ばれる）であり、本書執筆時点で、security レベルが low 以上の施設に収容された日本人はいない。

　米国では、個人が反トラスト法違反で処罰を受けるのは会社とは別個の責任があると考えられているので、会社による司法取引について、違反行為で処罰される会社の役員、従業員は対象外となる（これをカーブアウト（carve-out）という）。対象外となった役員、従業員は会社とは別に有罪を争うか司法取引を行う。米国で起訴されても裁判所に出頭しないと刑事裁判は進行しない。起訴される外国人の多くは、司法取引により、渡米の上有罪答弁し、収監に応じる。そうしないと、出国ができず、一生、自国に留まらざるを得なくなるためである。他方、米国で訴追されても出頭をせず、一生、自国から出国しない対応を選択するものもいる[14]。これらのものは、逃亡犯罪人として位置付けられる。これに対して、反トラスト局は、インターポールの国際逮捕手配書の発布を求め[15]、出国した時点で身柄拘束できるようにし、また、逃亡犯罪人引渡手続の適用を申請して、逃亡犯罪人の居住国政府に身柄の引渡しを求めてきた。その結果、反トラスト局は、2014年4月4日、イタリア国籍のロマノ・ピスシオッティ（Romano Pisciotti）（「ピスシオッティ」）について、ドイツから引渡しを受けるに至っている[16]。これは、反トラスト局

---

13)「カルテル被告、米へ引き渡しも 日本側の対策急務」2014年5月14日付け日本経済新聞電子版。

14) 味の素の元役員山田和利氏の実例が代表例であろう。山田氏は1996年1月にリジンの価格協定の共謀者としてシャーマン法1条違反として連邦大陪審により起訴された（U.S. v. Michael D. Andreas, Mark E. Whitacre, Terrance S. Wilson, and Kazutoshi Yamada［Criminal No.：96-CR-00762］）。他の共謀者に対して24ヶ月の懲役判決が下された（U.S. v D. Andreas 216 F.3d 645, 650（7th Cir. 2000））ものの、山田氏は出廷しなかった。シカゴトリビューンには、引渡要請があれば日本国政府はそれを検討する旨の日本国政府関係者（Japanese official）の発言が掲載された（Nancy Millman, Japan Could Extradite Defendant, Chicago Tribune（Dec. 28, 1996））が、結局、今日に至るまで引渡しは実現されていない。なお、山田氏は、1999年の反トラスト局の年次報告において、逃亡者として記載されている（Yamada, a Japanese citizen, did not appear at trial and remains a fugitive）（Antitrust Division United States Department of Justice, Annual Report：1999, at 29（1999））。

が、反トラスト法違反のみに基づいて引渡しに成功した最初の事例である。
ピスシオッティは 2014 年 4 月 4 日、米国フロリダ州南部地区連邦地方裁判
所に出廷し、同月 24 日、2 年間（ドイツで身柄拘束された 9 ヶ月間を刑期に参
入）の禁固及び 5 万ドルの罰金の支払いに同意している。イタリア検察当局
又はイタリア政府からの要請があれば、反トラスト局は、国際受刑者移送プ
ログラム（受刑者移送に関する多国間条約（Convention on the Transfer of
Sentenced Persons)[17] に基づく受刑者移送）に基づきピスシオッティがイタリ
アにて服役することを認める可能性があったが、結局、イタリアへの移送は
実現せず、2015 年 4 月 14 日、米国にて刑期を満了した[18]。その後、反トラ
スト局は、本書執筆時点で、逃亡犯罪人引渡手続の適用により、反トラスト
法違反のみを理由として、さらに 2 件について[19]、逃亡犯罪人である外国人
の米国への移送に成功している。日本人が移送された案件は確認されていな
い。

　イ　主要規制

　i　競争事業者との取引（「横型取引」）

　　a　カルテル規制

競争事業者間の競争を制限する合意は、反トラスト法・競争法を有するほ

15）James M. Griffin（Deputy Ass't Atty. Gen., Antitrust Division, U.S. Dep't of Justice), The
　　Modern Leniency Program After Ten Years-A Summary Overview of the Antitrust
　　Division's Criminal Enforcement Program, Address before the Annual Meeting of the ABA
　　Section of Antitrust Law, at 3（Aug. 2003). 米国は、2002 年、インターポールによる国際
　　逮捕手配書により味の素の幹部田辺多聞氏の身柄拘束に踏みきり、引渡しを試みた。田
　　辺氏は、数ヶ月間、インドにて身柄拘束されたものの、結局、引渡しは行われず、解放
　　されている。See J. William Rowley, D. Martin Low, and Omar K. Wakil, Increasing the
　　Bite Behind the Bark：Extradition in Antitrust Cases, 8 BUS. L. INT'L 298, 309（2007)；
　　see also, D. Singh, Japanese Held, THE TELEGRAPH（Calcutta, India）（Dec. 22, 2002).

16）Department of Justice, First Ever Extradition on Antitrust Charge Former Marine Hose
　　Executive Extradited from Germany to Face Charges of Participating in Worldwide Bid-
　　Rigging Conspiracy（April 4, 2014).

17）Convention on the Transfer of Sentenced Persons, Mar. 21, 1983, T.I.A.S. No. 10824, 22
　　I.L.M. 5530（1983).

18）Plea Agreement in United States v. Romano Pisciotti（Criminal No. 10-60232-COHN/
　　SELTZER), at 12-13（2014).

19）2 件目の extradition は、2020 年 1 月 13 日公表の事例（Department of Justice, Former
　　Air Cargo Executive Extradited From Italy for Price-Fixing（Jan. 13, 2020)）であり、3 件目
　　は、2020 年 3 月 3 日に公表された extradition（Department of Justice, Extradited Former
　　Automotive Parts Executive Pleads Guilty to Antitrust Charge（March 3, 2020)）である。

とんどの国において当然に違法（per se illegal）である。米国反トラスト法では、著名な Socony-Vacuum 事件連邦最高裁判決[20] において、価格カルテルについては、当然に違法と判断されることが確認されている。また、例えば、EU 競争法では、カルテルのようなハードコア制限については、競争制限の目的が推認され、競争制限的効果の発生の有無を子細に検討することなく、TFEU 条約 101 条 1 項該当性が認められ、違法と判断されることとなる。競争制限の目的が当然には認定されない非ハードコア制限（この場合には競争阻害効果を子細に分析する必要がある）とは分析及び判断の手法が異なることが欧州司法裁判所の判例で確立されている。欧州司法裁判所は、著名な ENS 事件において、TFEU 条約 101 条 1 項の適用に関して、カルテルのようなハードコア制限と非ハードコア制限において異なる分析枠組みが妥当すること、ハードコア制限については競争制限の目的が認定できれば違法と判断される旨を明らかにしている[21]。このような分析枠組みは、英国競争法、欧州連合加盟国競争法、シンガポール競争法、インド競争法、中国反独法、トルコ競争法、マレーシア競争法、南アフリカ競争法等、EU 競争法型の体系を採用している国及び地域において共通である。

　このように、海外子会社における反トラスト法・競争法コンプライアンスを考える上で、カルテルに該当する行為を防ぐことは、優先順位を高くして取り組むべきであるが、実務的には、ハードコア制限に関する合意が、明確な文書やメールで痕跡が残ることが少なく、違法行為の兆候がつかみにくいという側面がある。暗黙の合意や紳士協定のような、反トラスト法・競争法上の合意には該当するものの、契約上の拘束力をともなわない合意も少なくない。そこで、海外子会社にて、内部監査室が書面監査やヒアリングを実施

20）United States v. Socony-Vacuum Oil Co., 310 U.S. 150（1940）.

21）Case T-374/94 etc., European Night Services（ENS）and Others v European Commission［1998］ECR II-3141［1998］5 CMLR 718. 本件は、イギリスと大陸欧州を結ぶ海峡トンネルにおける旅客電車のサービスに関するイギリス、ドイツ、フランス、オランダの JV に関する事案であり、欧州委員会は、本件の JV が TFEU 条約 101 条 1 項に該当するものの、競争促進的な内容を含むもので、JV の親会社が海峡トンネルの深夜旅客サービスを利用したいと考える他の会社に対しても同一のサービスを提供することを条件として、8 年以下に限り、TFEU 条約 101 条 3 項の適用免除の対象になると判断した。これに対して、事業者は、一般裁判所に上訴し、同裁判所は、本件 JV が TFEU 条約 101 条 1 項に該当しないと判示した。

してもカルテルを特定するのは容易ではないのであるが、にもかかわらず、カルテルが競争当局に摘発されるのは、いわゆるリニエンシーにより、カルテルを自主的に開示すれば、訴追や制裁金の免除や減額を受けられることが大きく影響している。監査によりカルテルを発見できない間に、他のカルテルメンバーが、カルテルを競争当局に報告して正式調査が開始されてしまうのである。リニエンシーは世界50ヶ国以上にて導入されており、カルテルを摘発する際の有効な手段として機能している。リニエンシーにより他のカルテルメンバーが先行してカルテルを開示する可能性があることを勘案すると、海外子会社におけるコンプライアンス・プログラムとしては、監査以外の効果的な手段（多くの日本企業やその海外子会社では、社内リニエンシーやdeclaration（自ら又は他の従業員等がカルテルに関与したことはないとの保証・表明を求める）を導入している）により、他のカルテルメンバーに先駆けてカルテルを特定する仕組みを導入したいところではある。

　合意の対象は、販売価格、受注予定者、出荷数量、顧客や地域の割当てといった重要な競争条件である。これらについて共通理解が存在すると認定されると、実際に競争制限の効果が生じたか否かに関わらず、違法と評価される。

　　b　情報交換
　営業活動において情報収集は不可欠である。価格、数量その他各般の競争条件に関する情報（いわゆる「競争機微情報」）であっても、これを競争事業者以外の第三者や顧客から取得することは問題ない。他方、競争事業者間における競争機微情報の共有は、カルテルの間接証拠となるうえ、それ自体が、反トラスト法・競争法に抵触しかねない。EU競争法[22]、英国競争法[23]

---

22) Case C-8/08 T-Mobile Netherlands BV and Others v Raad van bestuur van de Nederlandse Mededingingsautoriteit. 欧州司法裁判所は、携帯電話の加入契約においてディーラーに支払われる報酬を将来的に減額する見込みであることをVodafoneが表明した会合にオランダの携帯電話事業者が1回参加していた事案において、当該会合に参加することで、寡占市場において事業者各社がどのような事業活動をするのかについて不確実性がなくなり、また、ディーラーに支払われる報酬の減額は、最終消費者に対する料金を固定する上で決定的な要因であることを理由として、十分競争阻害的であり、かつ、その性質上適切な競争を阻害する情報交換については、たとえ情報交換が1回だけなされたものであるとしても、その結果共同行為が実施された場合には、当該共同行為と関連市場に発生した結果との間の因果関係が推定され、競争制限の目的が推認されると判示している。

やシンガポール競争法[24] では、競争事業者間の競争機微情報の交換から合意を認定できない場合にも、情報交換自体を捉えて制裁金賦課決定の対象としている点に留意すべきであろう。

競争機微情報には、価格及び数量以外にも、原材料の価格、製品の価格構成、価格改定の方針等、価格に関係する情報も含む。また、生産能力や生産数量、需要の見込み、営業方針や販売戦略、販売条件、管理費、過去の販売数量や売上、工場の拡大・撤退等の事業計画、技術開発情報など、今後の販売戦略や販売価格につながりうる情報も、競争機微情報に含まれる可能性があるとされている。

しかしながら、競争事業者との接触や情報交換すべてを禁止することは現実的ではなく、業務に支障を生じさせる。違法とされる可能性の高い競争機微情報の交換に限って禁止するとともに、競争機微情報に関する議論が予想される競争事業者との接触前に、法務部やコンプライアンス部門に、競争業者と接触すべきか、接触するとして、許容される情報交換はどこまでか照会を求めるといった手続を導入したいところである。

競争業者の情報は、第三者から取得する限りは原則として違法な情報交換とはならない。しかし、直接情報を取得することを意図的に回避するために第三者を介して情報交換を行っていると見られる場合があり、欧州を中心に違法行為として認定されていることには留意が必要である（いわゆる、「hub-and-spoke arrangement」）[25]。同業種の顧客を多く持つコンサルティング会社から競争事業者の事例や情報を収集する際に、具体的な製品に関する価格情報など競争に関わる情報が含まれる場合、コンサルティング会社を通じて情報交換をしていると見られる可能性がある。

　c　業界団体

業界団体は共益的な目的で設立運営がなされており、公共の利益を促進させる側面を持っている。しかし、業界団体はあくまで私的な団体であって、

23）UK Competition and Markets Authority, Decision of the Competition and Markets Authority Galvanised steel tanks for water storage main cartel infringement（Case CE/9691/12）.

24）CCS Imposes Financial Penalties on Two Competing Ferry Operators for Engaging in Unlawful Sharing of Price Information [2012] SGCCS 3.

25）Case COMP/AT. 39847 E-books（December 12, 2012）.

参加企業の共通の利益を促進させることが一つの大きな目的となっている。企業の共通利益を促進する側面は、競合間での競争制限につながりかねない。話し合いや情報交換の対象によっては、業界団体での話し合いや情報活動が反トラスト法・競争法違反と判断されることがある。

　業界団体での違法な話し合いや情報交換を防ぐためには、参加企業側でも注意をする必要がある。また、これらを防ぐだけでなく、違法な話し合いや情報交換に参加企業が関わっていないことを示す記録を残しておくことが望まれる。業界団体のあらゆる会合を本社で逐一チェックするのは難しいため、業界団体の会合に出席する担当者に、会合前に議案を入手して問題となりそうな議題が含まれていないかどうか、会合後に議事録を入手して問題となりそうな内容が書かれてないかをチェックしてもらうことを検討すべきである。また、会合中に問題となりそうな話し合いや情報交換が行われたら異議を唱え、異議を唱えてもこれらが続けば退席し、法務部やコンプライアンス部門に連絡して記録してもらうように指導をしておくべきである。もちろん、会合そのもので無く、雑談や会合後の飲食でも問題となる話し合いや情報交換をしないように出席者や関係部署に指導することが必要である。

ⅱ　非競争事業者との取引（「縦型取引」）

　反トラスト法及び競争法では、競争事業者以外のもの（代理店や小売店）との取引も違法行為の対象となりうるが、その中でも、製品の購入者の販売価格を拘束する行為である再販売価格拘束、とりわけ最低再販売価格の維持はほぼどこの国・地域の反トラスト法・競争法でも禁止され、かつ、実際に執行の対象とされるリスクの高い違法行為類型である。例えば、英国競争・市場庁（Competition & Markets Authority）（「CMA」）は、近年、再販売価格拘束の摘発を推進しており、2017年6月20日、電灯メーカーであるNational Lighting Companyに対して270万ポンドの制裁金賦課決定[26]を、2016年5月10日、浴室用具メーカーであるUltra Finishing Limitedに対して、78万6668ポンドの制裁金賦課決定[27]をそれぞれ課している。また、CMAは、

───────────────

26) CMA, Decision of the Competition and Markets Authority Online resale price maintenance in the light fittings sector（Case 50343）. なお、270万ポンドの制裁金にはCMAの警告書を無視したことに対する加算分も含まれる。
27) CMA, Decision of the Competition and Markets Authority Online resale price maintenance in the bathroom fittings sector（Case CE/9857-14）.

2018年4月17日以降、電子楽器における再販売価格拘束の嫌疑について調査し[28]、2019年8月1日、Casio Electronics Co. Limited 及び最終的な親会社である Casio Computer Co. に対して、370万ポンド[29]、2020年1月20日、Fender Musical Instruments Europe Limited 及び最終的な親会社である Fender Musical Instruments Corporation に対して450万ポンド[30]、同年6月29日、Roland (U.K.) Limited (Roland UK) 及び最終的な親会社である Rolland Corporation (「Roland」) に対して、400万ポンド[31]、Korg (UK) Limited 及び最終的な親会社である Korg Inc に対して150万ポンド[32] の制裁金賦課決定をそれぞれ下している。また、同年7月17日、GAK.co.uk Ltd、The Guitar, Amp & Keyboard Centre Ltd、GAK.co.uk (Holdings) Limited (「GAK」) 及び Yamaha Music Europe GmbH が英国競争法及び EU 競争法に違反したことを確認するとともに、GAK に対して、27万8945ポンドの制裁金賦課決定を下している[33]。なお、Roland は上記制裁金賦課決定に対して不服申立てを提起しているが、Competition Appeal Tribunal は、2021年4月19日、制裁金額を約500万ポンドと増額する決定を下している[34]。これらの一連の制裁金賦課決定では英国子会社のみならず親会社についても制裁金賦課決定の対象となっている点に着目すべきであろう。再販売価格拘束は、海外子会社が所在する地域で事業運営している販売店やディーラー、小売店との取引に際して、これら販売店等が販売する価格を指定したり、価格決定に制約を課する場合に問題となる。購入者の再販売価格を監視して、一定の価格を下回って販売している購入者に商品供給を拒絶することも、最低再販売価格の

---

28) CMA, Musical instruments and equipment：suspected anti-competitive agreements 50565-6.

29) CMA, Decision of the Competition and Markets Authority Online resale price maintenance in the digital piano and digital keyboard sector (Case 50565-2).

30) CMA, Decision of the Competition and Markets Authority Online resale price maintenance in the guitar sector (Case 50565-3).

31) CMA, Decision of the Competition and Markets Authority Online resale price maintenance in the electronic drum sector (Case 50565-5).

32) CMA, Decision of the Competition and Markets Authority Online resale price maintenance in the synthesizer and hi-tech sector (Case 50565-4).

33) Decision of the Competition and Markets Authority Resale price maintenance in the digital piano and digital keyboard, and guitar sectors (Case 50565-6).

34) Roland (U.K.) Limited and Roland Corporation v. Competition and Markets Authority, (Case No：1365/1/12/20).

維持行為の一種として違法とされるリスクがある。欧州など多くの国・地域において、最低再販売価格の維持行為は当然違法とされており、海外子会社の市場占有率が低く、市場への影響が少ないと見込まれるような場合でも違法とされ、かつ、執行の対象となりうるため注意が必要である。なお、米国や韓国では、再販売価格拘束により実際に競争が制限されるかどうかを判断した上で違法か否かを判断することになるので、取引が厳密に米国や韓国に限定される場合にはリスクは低くなる[35] が、このような評価はビジネス・パーソンよりも法務部やコンプライアンス部門にて実施すべきであろう。他方、再販売価格拘束を含む縦型取引については、違法認定を受けない例外類型も定義されている例が少なくないが、その該当性判断は複雑なものが多い。再販売価格拘束そのものに対する該当性評価に加えて、例外類型への該当性評価についても、法務部やコンプライアンス部門への助言を求めるといった基準・手続を導入したいところである。

　ウ　反トラスト法及び競争法リスク特有の基準及び手続
　海外子会社における反トラスト法及び競争法リスクの中で、親会社やグループ全体に顕著な影響を生じさせるリスクは上記のイ i であり、これらはいずれも、競争事業者との接触から生じる。しかも、EU 競争法型の競争法を採用している国・地域では、海外子会社における反トラスト法・競争法違反により、親会社に法的な責任が生じる可能性が少なくない点に留意が必要である。すなわち、EU 競争法型の競争法では、「事業者」という概念は経済的活動の単位で把握され、仮に複数の自然人あるいは法人であっても、経済的活動において同一活動単位を構成している場合には、同一の「事業者」であると理解される。そのため、海外子会社と親会社が別個の法人格を有する場合であっても、海外子会社が自らの事業について親会社から独立した経

---

35)　但し、米国の場合には、州際通商が認められ、連邦法が適用される場合には、いわゆる合理の原則が適用される（Leegin Creative Leather Products, Inc. v. PSKS, Inc., 551 U.S. 877 (2007)）結果、違法判断を受ける可能性が低くなる一方、州内取引に留まり、州法が適用される可能性がある場合には、当然違法と判断されるリスクがある。カリフォルニア州（State of California Department of Justice Attorney General Kamala D. Harris, The settlement is one of the first applications of California's pro-consumer antitrust law banning vertical price-fixing（Friday, January 14, 2011））、ニューヨーク州（New York v. Herman Miller Inc., No.08 CV-02977（S.D.N.Y. March 25, 2008））は最低再販行為を当然に違法と判断する方針を維持している。

済的判断をしておらず、親会社の判断に基づいて事業を遂行しており、親会社と海外子会社間の組織的及び法的結合があるとみられる場合には、同一の「事業者」であると解釈されることになる[36]。欧州司法裁判所は、100％子会社が競争法に違反した場合には、親会社が、子会社の行為に決定的な影響を及ぼしたことについて推定が働き、親会社が決定的な影響を及ぼしたことを立証するために、欧州委員会は、事業者間の資本関係を立証すれば足りる旨判示している[37]。このように、イⅰに該当する違法行為の類型については、リスク程度が高いことに鑑み、重点的に対応すべきであろうが、基準及び手続としては、競争事業者との接触が予見される場合に一定の手続を履行させたいところである。このような観点から、多くの日本企業の親会社では、事業者団体における会合を含め競争事業者との会合は原則禁止とし、やむを得ないものについては、法務部やコンプライアンス部門に対して事前申請及び許可取得及び事後報告書の提出を義務付けるという手続を導入している例も少なくない[38]。また、このような事前申請及び事後報告書の提出ルールを策定して展開するとともに、トレーニングを通じて、①反トラスト法及び競争法に抵触するリスクの高い「避けるべき情報交換や会話」等について記載したチェックリストを配布する、②反トラスト法及び競争法に抵触する話題になったら、会話を継続できないことを明確に宣言し、退席し、事後的に法務部やコンプライアンス部門への報告を義務付ける、会合等において価格等の話になった場合には、途中退席することを議事録に記載することを依頼し、直ちに退席する、会合等での会話内容を記録させるといった行動指針を明確にして履行させることも考えられる。

　また、上記イⅱのように、複雑な法的な分析が介在する行為類型については、トレーニングについて問題となりうる行為はどのようなものか、判断基準を共有し、このような判断基準に抵触する可能性のあるものについては、

---

36)　Joined Cases 56/64 and 58/64, Consten and Grundig v Commission［1966］ECR 299.
37)　Case C-97/08 P, Akzo Nobel NV and Others v Commission, 2008/C 128/38.
38)　事前申請及び事後報告書の提出については、弁護士依頼者間秘匿特権の保護の対象にならない場合も少なくないことから、米国及び欧州企業を中心に敬遠される例も少なくない。このような場合には、基準（競争事業者とリスクの高い情報交換はしない等の行為規範）の徹底と監査を通じた事後確認により、反トラスト法及び競争法コンプライアンスの実現を図っているようである。

実行前に、法務部やコンプライアンス部門への意見照会を義務付けるといった基準・手続を導入したいところである。

⑥　個人情報保護法

ア　執行状況等

　個人情報、あるいはプライバシーデータを保護するための法制度は、近年、急速に、また国際的に、発展している。OECD が世界で最初に、コンピュータによる個人情報の処理に関連したプライバシー侵害の予防のための『プライバシー保護と個人データの国際流通についてのガイドラインに関する理事会勧告』、いわゆる「OECD プライバシーガイドライン」を採択したのは 1980 年のことだった。その後、インターネット技術の発達、国際的なデータの移転といった事情を背景に、個人データの取扱いに関する法制度が、様々な国において整備されるようになっている。

　国際的な企業は、海外子会社が所在する国ごとに、現地の個人情報保護法制への対応を迫られている。個人情報保護法制は、上記の OECD ガイドラインのような大枠に関する定めはあるものの、国ごとの具体的な法律の内容は異なる。企業は、各国の法制度の概要を押さえた上で、各国の海外子会社の担当者に、適切な社内の個人情報管理体制の整備・実施を指示しなければならない。ほとんどの国において、個人情報法制は会社の従業員の情報にも等しく適用されるため、顧客の個人情報とともに、従業員の個人情報の収集・処理にあたっても適切な措置を取る必要があることは注意しなければならない。

　ひとたび個人情報の取扱いについて問題が生じた場合、その結果としての制裁金などの行政罰、あるいは市場における評価の低下など、著しい損害が生じる可能性がある。後述のように、EU の GDPR においては、規定に違反した場合の制裁金が、最大で、「2000 万ユーロ又は全世界における年間の売上高の 4%のうち高い方」と定められている、これはグループ会社における全世界における年間の売上高を示すとされているため、もし日本企業が EUにおける海外子会社での GDPR コンプライアンス管理を怠ったような場合、違反があったのが子会社だけだったとしても、それをもとにグループ会社での全世界における売上高を基準として制裁金が課される、という可能性もあるので、影響は甚大である。

イ　主要規制

i　EU における個人情報保護制度

　a　GDPR の施行

GDPR は、2018 年 5 月 25 日から全面的に施行されている。GDPR におい
ては、EU の個人情報の収集・処理を行う事業者に対し、取り扱う個人情報
の把握を行うためのデータマッピング実施、サービス設計の段階から個人情
報の保護を念頭に置いた「データ・プロテクション・バイ・デザイン」の導
入、データ保護規則への遵守を証明できるような証拠を残さなければならな
いアカウンタビリティの要求など、様々な要求及び制約が定められている。

　b　GDPR における義務の概要

本書では詳論は避けるが、GDPR により個人事業取扱事業者に課されてい
る義務の概要は表 2 のとおりである。

表 2　GDPR における義務の概要

項目	義務の概要
データ・プロテクション・オフィサー（DPO）の選任	DPO の選任が、事業の性質及び範囲によって（大規模、システマチックな監視業務、大規模なセンシティブデータの処理）必要となる
データ漏えい（data breach）の際の報告義務	本人の権利及び自由に高いリスクを生じさせるおそれのある漏えいなどの事案に関しては、漏洩発生から 72 時間以内に当局に報告を行わなければならない
国境を越えた個人データの移転	EU 域外への個人情報の移転に関して制限がかかる。個人情報の取扱いを定めるルール策定が必須不可欠
同意の取得	同意に関しては厳しい要件が課されている。黙示的な同意は不可
データマップの作成	会社内でどのような個人情報の取扱いを行っているかを記録に残しておく必要がある
罰則	2000 万ユーロ、又は全世界における年間の売上高の 4%のうち、高い方

Impact assessment の実施	新たな技術の使用に際し、リスクが高い場合は、「データ・プロテクション・インパクト・アセスメント（DPIAs）」が必要
Accountability	個人情報を取り扱う事業者は、データ保護原則への準拠を証明できるようにしておかなければならない

　GDPR の特色は、EU 内に海外子会社などの拠点を置く企業のみならず、たとえ EU 内に拠点がなくとも、EU の消費者に商品又はサービスを提供している場合、あるいは EU の居住者の行動をモニタリング（ウェブサイトでの行動に基づく調査など）している場合には適用があると明確に規定されているところである。EU 域内に海外子会社が所在しない場合であっても GDPR の適用対象となる可能性がある。また、EU の企業と取引する場合、EU 企業が GDPR を遵守する目的で、取引先である海外子会社や親会社について、個人情報の取り扱いについて一定の義務を負う契約の締結を要求される可能性がある。

ii　米国における個人情報保護制度

　米国には、個人情報の保護に関する統一的な法律はない。業界ごと、あるいは法分野ごとに個人情報保護のための義務が規定されている。さらに、米国では州法でも個人情報の保護に関する規定を設けることができるため、州によっても内容が異なる。海外子会社にて基準や手続を検討する場合に代表的なものとして把握しておくべきものは以下のとおりである。

　a　COPPA

　Children's Online Privacy Protection Act（COPPA）は 1998 年に成立した連邦法であり、2013 年に細則が定められた。COPPA の下では、13 歳未満の子供からの個人情報（SNS の ID なども含むなど、範囲が広い）の取得に制限が加えられている。具体的には、子供からの個人情報の収集にあたって、保護者から、一定の事実を通知した上での同意を、同意を与えている者が本当に保護者であるかを確認できるような合理的な手段を講じた上で、得なければならない。この合理的な手段には、例えば、①書面への署名、②クレジットカード番号などの取得、③電話での確認、④ビデオ通話をとおしての確

認、⑤両親の公的な証明書番号の確認、などがあげられる。オンラインによる方法も認められている。

　　b　GLBA

　Gramm-Leach-Bliley Act（GLBA）は、金融機関が金融商品・サービスの提供に関連して顧客・消費者から個人情報を収集するにあたっての義務を定めた連邦法である。具体的には、一定の場合の顧客・消費者に対する通知を行う義務が定められており、例えば情報を第三者と共有するにあたっては、消費者に対して、「オプトアウト」の機会を与えなければならない。なお、金融機関に関しては、「Fair Credit Reporting Act（FCRA）」も適用される。FCRA は、信用評価の結果などを含む「コンシューマーレポート」の使用・開示に関する規制であり、これに基づきクレジットカードや保険などの申請を拒否する場合にはその事実及び関連のコンシューマーレポートに関する情報を通知しなければならない。

　　c　HIPPA

　Health Insurance Portability and Accountability Act（HIPPA）は、健康状態に関する情報の取得に関する規制を行う連邦法である。対象となる事業者は、健康情報を HIPPA で定められた目的以外のものに使用・公開するにあたっては、本人の許諾を得なければならない。適法な許諾を得るにあたっては、本人に対し、本人が有する権利の内容などを含む特定の事項を記載した通知を行わなければならない。

　　本人は、①アクセス権（事業者が有する、自己の健康情報の写しを取得することを要求する権利）、②開示請求権（過去 6 年間にどのような開示が行われたかの情報を求める権利）、③訂正要求権（情報の訂正を求める権利。事業者は、訂正の根拠となる情報の提出などを求めることができる）、④使用・開示の制限を求める権利（事業者に応じる法的な義務はないが、応じた場合は順守しなければならない）、⑤秘密通信権（情報を秘密にする目的のために、異なる方法又は場所での情報のやりとりを請求された場合は、これに応えなければならない）、などの権利を有する。

　　d　FTC のガイドライン

　　上記の法律のほか、事業者一般が「不公正又は欺瞞的」な取引を行った場合、Federal Trade Commission（FTC）がこれに対して行政上の対応を行うことが定められている。そして FTC は、プライバシーに関するガイダンス

を公表して、プライバシーポリシーに違反した個人情報の取り扱いなど、一定の場合に FTC がアクションを起こすことを明確にしている。FTC が 2012 年に公開した報告書では、プライバシーに関するフレームワークとして、①プライバシーバイデザイン（日常的な企業活動に、個人情報の保護を組み込まなければならないとするもの。例えばデータセキュリティや収集制限などの取り組み、データマネージメントに関する規程の整備等）、②簡素化された選択（企業は、消費者に対し、そのデータの取扱いに関して、簡単かつ最新の選択肢を与えなければならないとするもの）、③透明性（企業は、明確で、簡潔で、より標準的なプライバシーポリシーを掲出すること、データへの合理的なアクセスを与えること、当初の目的と異なる目的の使用を開始する場合は明示的な開示を行うこと、消費者に対してプライバシーに対する教育を行うこと）が必要であるとする。

　　e　カリフォルニア消費者プライバシー法（CCPA）

　CCPA（California Consumer Privacy Act）は 2018 年 6 月 28 日に成立した個人情報保護を目的とする包括的な法律であり、2020 年 1 月 1 日から施行されている。

　　（i）　適用範囲

　CCPA の適用を受ける「事業者（business）」の要件は、消費者（カリフォルニア州の居住者）の個人情報を取得し、単独また共同で、その処理の目的又は手段を決定し、カリフォルニア州で事業を行っている、利益又は金銭的便益を目的とする法的主体であること、及び②（a）年間総売上（annual gross revenues）が 2500 万ドルを超えていること、（b）単独又は合算して、年間で 5 万以上の消費者、世帯又は装置に係る個人情報を購入、商業目的で受領、販売、又は、商業目的で共有すること、又は（c）消費者の個人情報の販売から年間売上の 50% 以上を得ていることである。

　　（ii）　個人情報の定義

　「個人情報（personal information）」は「特定の消費者若しくは世帯を識別し、これらに関連し、これらを記述し、これらに関連付けられ、又は、直接若しくは間接にこれらと関連付けることが合理的に可能な情報」をいい、その範囲は相当広い。個人情報に該当する情報が例示列挙されており、IP アドレス及びクッキーも含まれている。一般に公開されている（publicly available）情報は個人情報に含まれない。

　(ⅲ)　消費者の権利

　CCPA は、①情報収集時の透明性（情報の種類及び利用目的等の事前開示）、②開示請求権（事業者に対して情報源・情報提供先・情報の種類・収集した具体的情報等の開示を求める権利）、③削除請求権（事業者に対して自身の個人情報の削除を求める権利）、④個人情報の販売・開示についての開示義務、⑤個人情報を第三者に販売する場合のオプトアウト手続、及び⑥ CCPA 上の権利行使を理由とする差別禁止を掲げる。

　州司法長官は、事業者が CCPA に違反したときは、違反している旨を通知してから 30 日以内にその違反が治癒されなければ、1 件の違反につき最大 2500 ドル（故意の違反による場合最大 7500 ドル）の民事罰（civil penalty）、又は差止めを求めて提訴できる。

　消費者は、事業者が個人情報保護のために情報の性質に見合う合理的なセキュリティ手順及び方式を実施及び維持する義務に違反した結果、法定の個人情報が漏洩した場合、違反している旨を通知してから 30 日以内にその違反が治癒されなければ、違反 1 件につき消費者 1 人当たりで 100 ドル以上 750 ドル以下の法定損害又は実損のいずれか大きい額の損害賠償（クラスアクションも可能）、又は差止めを求めて提訴できる。

　f　カリフォルニア州プライバシー権法（「CPRA」）

　2020 年 11 月 3 日、米国カリフォルニア州において、カリフォルニア州プライバシー権法（California Privacy Rights Act of 2020）（「CPRA」）が可決された。CPRA は CCPA を大幅に改正して追加規制を定めている。

　(ⅰ)　「センシティブ情報」の新設

　CPRA は、「個人情報」の種類に新たに「センシティブ情報」を追加し、その定義を以下のとおり定めている。

(a) 以下の情報を明らかにする個人情報
・ソーシャルセキュリティ番号、運転免許証番号、州 ID カード番号、パスポート番号
・アカウントへのアクセスを可能とするセキュリティ・コード若しくはアクセス・コード、パスワード、又は認証情報と組み合わせられた、アカウント・ログイン情報、金融機関口座情報、デビットカード情報、クレジットカード情報
・正確な位置情報

・人種的又は民族的起源、宗教又は哲学上の信念、労働組合への加入状況
・郵便・電子メール・テキストメッセージの内容（事業者がこれらの受取人
　として意図されている場合を除く）
・遺伝データ
(b) 消費者を一意的に識別することを目的としたバイオメトリック情報の処理
(c) 消費者の健康に関連して収集及び分析された個人情報
(d) 消費者の性的生活又は性的指向に関連して収集及び分析された個人情報

　センシティブ情報を収集する事業者は、収集時の通知やプライバシーポリシーにおいて、所定の事項を開示する義務を負う。また、センシティブ情報について消費者には一定のコントロールを及ぼすことができる。具体的には、消費者は、一定の態様（具体的には、平均的な消費者が合理的に期待するサービスや商品を提供するための利用、セキュリティ確保のための利用、短期的な一時利用等）以外の態様でセンシティブ情報を利用・開示している事業者に対して、当該利用・開示を制限するよう要求することができるとともに、このような事業者は、ホームページ上に「Limit the Use of My Sensitive Personal Information」との明確かつ目立つリンクを提供する義務を負う。

　(ii)　「事業者」の範囲の拡大

　CCPA における「事業者」に加え、CPRA では以下の者も「事業者」に含まれ、同法の適用対象となる。

(a)「事業者」に該当する複数のエンティティがそれぞれ 40％以上の持分を有
　するジョイントベンチャー又はパートナーシップ
(b) カリフォルニア州で事業を行う者（CCPA 上「事業者」に該当するエン
　ティティ及び上記のジョイントベンチャー・パートナーシップを除く）で
　あって、カリフォルニア州プライバシー保護局に対して、CPRA を遵守し、
　同法に拘束されることを証明する certification を自発的に提出した者

　CCPA では「事業者」に該当しない投資先であっても、CPRA では「事業者」に該当する場合がありうるため、自社グループにおける「事業者」の範囲を再確認することが考えられる。

　(iii)　「共有」の新設

　CPRA は、CCPA 上の「売却」とは異なる概念として「共有」の定義を新設した。「共有」（share）とは、「金銭その他の価値ある対価と引き換えに行

うか否かを問わず、事業者が、クロス・コンテクスト行動ターゲティング広告のために、第三者に対し、消費者の個人情報を共有し、貸与し、公開し、開示し、流布し、利用可能な状態に置き、移転し、又は口頭、書面、電子的その他の手段により伝達すること」と定義されている。

　(iv)　「コントラクター」の新設

　CPRA は、CCPA 上の「サービスプロバイダ」とは異なる概念として「コントラクター」の定義を新設した。「コントラクター」とは、「事業者が、所定の事項を規定した書面契約に従い、事業上の目的で消費者の個人情報を利用可能とした者」と定義されており、CPRA 上の「第三者」に該当しなくなる等、多くの場面で「サービスプロバイダ」と同様に取り扱われる。加えて、CPRA は、個人情報を第三者に対して売却・共有する、またサービスプロバイダ若しくはコントラクターに対して開示する事業者に対して、所定の事項を規定した契約の締結義務を課している。

　(v)　訂正要求権の追加

　CPRA は消費者の権利として新たに訂正要求権を追加した。訂正要求を受けた事業者は、不正確な個人情報を、消費者の指示通りに訂正する商業上合理的な努力を払う義務を負う。

　(vi)　個人情報の保持に関する規制の新設

　CPRA は、事業者に対して、個人情報の収集時の通知に、事業者が意図している保持期間を、個人情報の種類ごとに記載（具体的な保持期間を記載できない場合は、当該保持期間を決定するための基準を記載）する義務を課すとともに、当該通知で開示した目的のため必要な期間を超えて個人情報を保持することを禁止した。

　ウ　海外プライバシーデータ管理リスクに対する実務対応

　i　各国の法制度に関する情報の収集

　海外プライバシーデータ管理に伴うリスクは親会社及び海外子会社共通であり、全社的な統一的対応が有効であろう。親会社が中心となり、各国の法制度情報の収集、毎年の情報のアップデートを実施し、前掲の経営管理契約別紙 A、6 を通じて、海外子会社と連携することとなろう。

　ii　海外子会社での個人情報保護体制の確立

　a　プライバシーアセスメント

　次に、海外子会社における、個人情報の取扱いに関する現状の把握、及び

上記の各国法制度との乖離の程度を把握する「ギャップアナリシス」を行うことが肝要である。これは、米国司法省が述べるところの基準及び手続を策定する前提としての情報収集とそれに基づくリスク分析と同義である。具体的には、以下のようなステップを取ることが必要となる。

> ア　海外子会社へ、個人情報の取扱い状況に関する質問の送付を行い、回答を得る。
> イ　収集している個人情報を種類別に分類する（センシティブ情報、営業上の連絡先、など）。
> ウ　現在のポリシー、手続規程が法に準拠しているか、十分であるかを確認する。
> エ　国境を越えた個人情報の移転の一覧を作成する。
> オ　第三者との契約が個人情報保護法制に従っているか確認する。
> カ　委託業者、仲介業者、データ処理業者などの、個人情報及びセキュリティの観点からの監査を行う。クラウドサービスプロバイダーなどについてもチェックを行う。
> キ　漏えい等が生じた場合の当局・本人への通知義務を正しく理解する。

　b　個人情報保護体制の導入

　プライバシーアセスメントによって現状の把握を行った後は、各国の法律の要求に従って、適切な対応が行われるような個人情報保護体制を海外子会社にて整備しなければならない。前掲の経営管理契約別紙A、6に基づき、親会社にて、海外子会社における個人情報保護体制の導入に関与することとなろうが、以下のような点を考慮する必要がある。

> ア　必要な場合、DPO を任命する。また、法律で要求されていない場合であっても、個人情報保護担当者を指名する。
> イ　適切な個人情報取扱規程を導入する。
> ウ　国境を越えた個人情報の移転のための書面の整備（データ移転契約、データ処理契約、会社間契約）を行う。
> エ　本人からの同意が必要な行為に関して、同意の取得に関する必要な手続きの整備を行う。
> オ　個人情報の通知の内容の見直しを行う。
> カ　個人情報の保管に関する規程・ルールの作成を行う。
> キ　個人情報へのアクセス・訂正要求などの要請に対応するための手続の整備を行う。
> ク　従業員に対する必要な通知を行う。

> ケ　違反事例が生じた場合の手続（委託先などで事案が生じた場合も含め）を整備する。

c　個人情報保護体制の継続的な実施

　個人情報保護体制は、一度整備すれば済むものではなく、継続的な体制の確認及び従業員の個人情報保護の意識づけが必要となる。以下のようなことを定期的に行うべきであろう。

> ア　規程に従った個人情報の取扱いや保管の実行が行われているか、内部の監査を行う。
> イ　従業員に対する定期的なトレーニングの実施を行う。
> ウ　委託先などの第三者の監査を行う。
> エ　新たな法制度に対応するため、長期間の契約に関しては定期的に内容の見直しを行う。
> オ　漏えい等の事例が生じた場合の手続のシミュレーションを行う。

d　漏えい事案への対応

　上記のような日常的な個人情報保護体制の維持のほかに、漏えいなどの事案への対応も考えておかなければならない。個人情報の漏えいなどの事案が生じることは、本来的には望ましいことではないが、漏えい等の事案に対応する計画をあらかじめ持っていることは重要である。計画では以下のようなことについて定める必要がある。

> ア　報告の「チェーン」を決定する。誰に報告し、どのように伝達していくか。対応するチームに誰が関与すべきかを定める。
> イ　漏えいが発生した場合に対応できるよう、外部のITコンサルタントやPR会社と、今の段階から契約をしておく。
> ウ　どの国において法律上の通知義務があるか、時間的起源はいつか、を確認しておく。また、誰が、どの時点で、（当局及び本人に）通知を行うかを決定しておく。
> エ　法律事務所と相談できる体制を整えておく。

⑵　取締役会においてコンプライアンス及び倫理プログラムを理解し、その実施を監督し、コンプライアンスの統括責任者となる上級役職者の選任し、日々のコンプライアンス及び倫理プログラムの運用については特定のものに委任すること

(U.S.S.C. § 8B2.1 (b) ⑵))

①　経営トップの方針及び支援

ア　米国司法省の方針について

　実効的なコンプライアンス・プログラムの運用において経営トップの明確な方針と全面的な支援、つまり、「Tone from the top」が重要であることは米国司法省が長年に渡って指摘してきたところである。わが国の公正取引委員会もこれを強調している[39]。なお、ここで、「経営トップ」とは、海外子会社にとっては海外子会社の経営トップのみならず親会社の経営トップも含むと解される。企業グループ全体のコンプライアンスに向けた方針を決定するのは、海外子会社の経営トップではなく、親会社の経営トップであるためである。ゴールドマン DPA でも、海外子会社においての不正行為であっても、グループ全体の経営層がコンプライアンス実現に向けて明確な方針を打ち出す必要があるとしている（同 C-1)。海外子会社において実効性のあるコンプライアンス・プログラムを導入するためには、前提として、親会社の経営トップにおいて、コンプライアンスの実現に投資することについての明確な方針が必須不可欠である。このような明確な方針は、親会社から海外子会社に対して、事実上、あるいは経営管理契約 2.1 条に基づく親会社による経営指導の一環として、共有され、浸透されることとなろう。その上で、海外子会社の経営トップにても、親会社同様に、コンプライアンスの実現に投資することについて明確な方針を採用することとなると思われる。

　上記の米国司法省の方針は、繰り返し公表されているが、代表的な指摘として Snyder 氏の本件方針等の指摘がある。すなわち、Snyder 氏は、コンプライアンス・プログラムが実効性を有するためには、コンプライアンス実現に向けた取り組みについて、経営トップ、上層部及び取締役会が、完全に支援をしていることが極めて重要であると指摘している。米国司法省は経営

---

39)　公正取引委員会「企業における独占禁止法コンプライアンスに関する取組状況について」50 頁以下（2012 年)。

トップを含めた経営陣による「high level commitment」を求める。米国司法省とタカタ株式会社間の有罪答弁合意書[40]（「タカタ PA」）でもこの点を指摘する（同 C-1）。エアバス DPA は、取締役及び上級職員による目に見える支援が必要であるとする（同 C-2）。このような完全な支援を通じて形成される企業内のコンプライアンス文化の重要性は、英国でも指摘されており[41]、欧州委員会の調査過程でも指摘されている。海外子会社についてみれば、これは、親会社及び海外子会社双方の経営トップ、上層部及び取締役会であり、これらが、海外子会社におけるコンプライアンスの実現を全面的に支援していることを意味すると理解すべきであろう[42]。反トラスト局との司法取引において、担当検事もよく指摘するが、そもそも親会社の経営トップがコンプライアンスの実現を経営目標の一つに掲げていない状況で、机上のコンプライアンス・プログラム通りの講習会を海外子会社にて実施しても、それは紙だけのプログラムであり、法令を遵守する文化を、海外子会社を含めた企業グループ全体に浸透させることは不可能である。このようなコンプライアンス・プログラムを持っていても、それは、「実効性のある」コンプライアンス・プログラムを備えていると認定されることはない。米国司法省は、「コンプライアンスは収益を生まないので、予算をかけず、制度の外形だけを整える」というあり方を最も嫌う。外形だけのコンプライアンス・プログラムにより違法行為を防げず、後日、海外子会社が摘発対象となった場合、当該海外子会社のみならず親会社を含めたグループ全体としてコンプライアンスを実現する意思も能力もないという認定をする可能性が少なくない。親会社の経営トップ、上層部及び取締役会による完全な支援は、海外子会社においてコンプライアンス・プログラムが有効に機能していると認定されるた

40）Rule 11 Plea Agreement（United States of America v. Takata Corporation, Case No. 16-20810）.

41）Office of Fair Trading, How your business can achieve compliance with competition law（OFT 1341）（June 2011）（「英国ガイド」）, at 1.14.

42）日本の事例であるが、株式会社天馬宛 2020 年 4 月 2 日付け「調査報告書（公開版）」75 頁（http://www.daisanshaiinkai.com/cms/wp-content/uploads/2019/12/200402_chousa7958.pdf）では、「仮に業績に悪影響が生じたとしても、その責任は本社が引き受ける（海外子会社の役職員の責任は問わない）、会社として正しい行動をした結果として業績に悪影響が生じることは構わない、コンプライアンス違反の行動をして得られる業績など捨てて構わない、という経営トップのコミットメントを明確に打ち立て、これを海外子会社の役職員に明確に打ち出すことが最も大事である」と指摘する。

めに必須不可欠な要素であろう。

　イ　ガイドラインについて

　コンプライアンスガイドラインにおいて、詐欺課は、経営トップにおいてコンプライアンスを推進する方針を有し、これを全面的に支援しているかどうかを判断する指標として、①経営陣の実際の行動、②トップ経営陣が違法行為を根絶し、コンプライアンスを実現することに対するコミットメントをどの程度従業員と共有しているのか、及び③違法行為が発生した分野、リスク分野に対してどのように監督しているかの3点から評価すべきであると指摘する。海外子会社についてみると、ここでの経営トップとは、前述のとおり、海外子会社の経営トップのみならず親会社の経営トップも含むと解すべきであろう。詐欺課の方針を前提とする限り、より具体的には、親会社や海外子会社の最高幹部やその他のステークホルダー（例えば、経営・管理の責任者、財務部門、調達部門、法務部門、人事部門）において、実際に、コンプライアンス（是正努力を含む）の実現のために具体的な行動を職務として行うこと（例えば、経営管理契約別紙A、6に基づき、経営管理の一環として、海外子会社でのコンプライアンス・プログラムの運用のための助言・指導及びそれに基づく展開を実施すること、社内規則の作成時に、その1頁目に経営陣のトップが署名をした誓約文を加え、企業Webサイト上（イントラネットも含む）においてその誓約文を公開し、社内トレーニングを実施する際にはその誓約文に言及するスライドをプレゼン資料に加える、企業トップの社内スピーチの機会にそのコンプライアンスの実現に向けた企業の断固とした姿勢を繰り返し伝達し、それを記録する等）、親会社及び海外子会社間にて情報を連携すべきこと（例えば、経営管理契約3.1及び3.2条、別紙A、6に基づき、情報を連携すること）、親会社や海外子会社の取締役会において、コンプライアンスを実現するための必要知識を有していること、取締役会や外部監査人において、コンプライアンス担当者や内部統制担当者との間で情報連携を図るべきこと（実務的には、海外子会社を含めたグループ全体の状況及びコンプライアンス・プログラムの運用状況について、コンプライアンス担当者や内部統制担当者が収集した情報を前提に、年一回、現状分析及び評価を行い、親会社及び海外子会社のトップに報告を入れることとなろう）、違法行為が発生した分野やリスク分野での監督に際して、海外子会社のみならずグループ全体への影響が懸念される程度のものについては、親会社の取締役会及び経営陣にも報告し、取締役会及び経営陣

も関与させることが必要となろう。コンプライアンスガイドラインは、いわゆる、tone from the top ではなく、これを進めて conduct at the top がどのようなものであったか、これが、コンプライアンスを浸透させる上で寄与したかどうかを分析することが重要であるとする。このような行動が伴っていない場合、米国司法省は、事業会社における tone from the top は不十分であると認定する可能性が高くなる。

　なお、海外贈収賄汚職リスク対応との関係では、国連が主催するグローバル・コンパクトが主催するコレクティブ・アクションである「腐敗防止強化のための東京原則」に企業トップが署名することも、tone from the top を示すことに繋がる。ゴールドマン DPA でも、コンプライアンスを実現するとの確約は、「strong、explicit and visual」である必要があると特に指摘されている（同 C-1）。

②　コンプライアンス担当の「上級職員」について

　U.S.S.C.§8B2.1（b）(2)が規定するコンプライアンス担当の上級職員とは、取締役や執行役員を指し、当該特定の上級職員を、海外子会社において、コンプライアンス及び倫理プログラムの責任者として選任しなければならない。なお、当該コンプライアンス担当の上級職員に対しては独立した地位を保障する必要があり、日本の事業会社でしばしば見られる事業部門との兼職は許されない。当該コンプライアンス担当の上級職員は、コンプライアンス及び倫理プログラムの日々の運用について、組織の特定のものに委任することが必要である。

③　コンプライアンス・プログラムの運用担当者

　当該コンプライアンス担当の上級職員から、コンプライアンス・プログラムの日々の運用について委任を受けた運用担当者は、定期的に、当該プログラムの有効性について、上級職員、及び、適当な場合には、取締役会又は取締役会の下部組織に報告する。コンプライアンスガイドラインによると、①組織の中で十分経験を積んだ年次の職位であること、②監査、文書の作成及び分析をするのに十分な人的資源を有すること、及び③取締役会や取締役会の下部組織である監査委員会に直接の報告できる地位があるなど、経営陣からの独立性を確保する必要があると指摘する。海外子会社の場合には、親会

社と比較すれば、少ない人的資源で、コンプライアンス・プログラムの運用を実現せざるを得ないのが実情であろう。この点、前述の経営管理契約を通じて、親会社からの指導・支援を受けることができる場合には、海外子会社独自に確保すべき資源は限定的なもので足りると思われる。なお、コンプライアンス・プログラム運用担当者については、潜在的な問題を生じさせる取引及び企業行動を理解し、特定できる一定程度の経験があるものが望ましい。

　コンプライアンスガイドラインは、コンプライアンス・プログラム運用担当者の独立性及び資源の十分性を分析するため、いくつかの指針を示している。それによると、①コンプライアンス担当部門について組織上の独立性が確保され（法務部や事業部の一部ではなく、これらの部門からも独立させる）、最高経営責任者や取締役会に対する直接の報告権があること（海外子会社の場合、親会社のコンプライアンス部門を通じて親会社の最高経営責任者及び取締役会への間接的な報告権が認められていれば十分であろう）、出来る限りコンプライアンスに専従しており他の職務との兼職を避けること（海外子会社の場合には、他の職務との兼職は避けられないと思われるが、事業部の業務との兼職は避けること）、②コンプライアンス部門と海外子会社の他の戦略的部門を比較した時に、地位、給与水準、職階・職名、指揮命令系統、リソース、意思決定者への報告権といった点で合理的な説明のつかない差異が存在しないこと、コンプライアンス部門の意見が十分尊重されていること（コンプライアンス上の懸念表明を受けて、取引を中止したといった実績があること）、③コンプライアンス及び内部統制の担当者について、適切な経験を有しており、トレーニングも実施していること、④海外子会社のコンプライアンス・プログラム運用担当者について、効果的に監査、文書作成、分析、コンプライアンス上の対応をするのに十分な人的資源が確保されていること（但し、海外子会社の場合には、前述の経営管理契約を通じて親会社の支援を確保できることが法的に確保できている限りにおいて、海外子会社にて独自に確保しなければならない人的資源は限定的なもので足りよう）、コンプライアンス及び内部統制部門の予算申請につき、合理的理由の伴わない却下はしないこと、⑤コンプライアンス担当部門につき、必要なデータ等に対するアクセスが認められていること、⑥海外子会社において、コンプライアンス機能をアウトソースしている場合に、当該アウトソース先の管理監督の担当者は、事業部門から独立

した地位を認めること、アウトソース先にはデータへのアクセスをできる限り認めること等が必要となろう。

　なお、リソースの十分性につき、詐欺課は、シーメンスに対する Sentencing Memorandum（「シーメンス SM」）において、全世界で合計 500 名のフルタイムのコンプライアンス担当者が配置されたことに対して評価を与えている。なお、シーメンスの内部監査部門では、合計 450 名の担当者に対して、再度、内部監査部門への配属希望を提出させ、その上で、同部門への配属を認めるかどうか再度の精査を実施している（同 22 頁）[43]。また、ダイムラーに対する Sentencing Memorandum（「ダイムラー SM」）でも、詐欺課は、コンプライアンス部門にて約 60 名増員したこと、コンプライアンス・プログラムの運用のため、41ヶ国、95 の海外子会社にて 85 名のコンプライアンス担当者を配備したことを評価している（同 16 頁）[44]。多くの日本企業の親会社及び海外子会社にて、これだけの人的リソースをコンプライアンス・プログラムの運用のために確保することは困難であろうが、他方で、人的資源の量及び質的な十分性に対する詐欺課の期待値は念頭に置く必要があろう。

　反トラスト局ガイドラインでも、反トラスト法・競争法上のコンプライアンスの実現という観点から、海外子会社にても、反トラスト法・競争法上のコンプライアンスの専従者が望ましいことを指摘しているが、実際には、海外子会社にてこれを実現するのは相当に困難であると思われる。経営管理契約別紙 A、6 を通じて親会社の支援を受けることができる法的枠組みを確保し、海外子会社のコンプライアンス・プログラムの運用担当者が非専従者であっても、運用自体には支障がないことを合理的に説明できる建付けを整えたいところである。

43）Department's Sentencing Memorandum（United States v. Siemens S. A. et al.）（https://www.justice.gov/archive/opa/documents/siemens-sentencing-memo.pdf）（「シーメンス SM」）.

44）Department's Sentencing Memorandum（United States v. Daimler A.G. et al.）（https://www.justice.gov/sites/default/files/criminal-fraud/legacy/2011/02/16/03-24-10daimlerchina-sent.pdf）（ダイムラー SM」）.

⑶　違法行為又はコンプライアンス及び倫理プログラムと抵触する行為を行ったと組織が認識している、あるいは合理的な注意を払えば知ることができたものを、組織において実質的な権限の伴う職位に就けないようにするよう、組織として合理的な努力を払うこと (U.S.S.C. § 8B2.1 (b) ⑶)

この点、本件方針等において、Snyder 氏は、「企業が、責任のある従業員を、同じ行動を繰り返したり、企業の内部調査及び調査協力を妨害したり、自身に対する証人となりうる従業員に影響を及ぼすことができる立場に留める場合、実効的な反トラスト法コンプライアンスにかかるコミットメントに対する深刻な疑問及び懸念が生じる」と述べ、反トラスト法違反に関与した従業員等を処分する場合、一定の職位から外す必要があることを指摘している。司法取引の実務を前提としても、違法行為に責任のある役職員等について配置転換を含む人事処分を取らない限り、真摯にコンプライアンスを実現する意欲がないと認定される可能性が少なくない。

⑷　取締役の構成員、執行役員等の上級職員、従業員、及び（適切な場合に）組織の代理人に対して、効果的な研修を実施するか、個人の役割と責任との関係で適切な情報を周知徹底することで、コンプライアンス及び倫理プログラムの基準と手続、その他の側面を、定期的かつ実務的な手法で伝達するよう合理的な手段を講ずること (U.S.S.C. § 8B2.1 (b) ⑷)

①　米国司法省の方針等

米国司法省は、本件方針等、複数の機会において、定期的なトレーニングの重要性について強調している。企業トップ、取締役をはじめとする企業幹部については言うに及ばず、海外子会社及び代理店等についてもトレーニングを実施する必要があるとする。何が許容され何が許容されないのか、トレーニングを通じて、基準について共通認識を形成することがトレーニングの目的の一つである。なお、詐欺課は、どのような形態のトレーニングであれ、その内容は対象者に即したもので、かつ、対象者が理解できる言語で実施する必要があると指摘する。海外子会社の従業員等において、トレーニングを通じて、コンプライアンス及び倫理プログラムを遵守する上で疑問を有するに至った場合、海外子会社におけるコンプライアンス・プログラムの運

用担当者において、経営管理契約を通じて親会社のコンプライアンス担当部門や法務部、又は外部法律事務所の助言を得るなどして、これに回答できる体制を構築する必要があろう。ゴールドマン DPA では、上級職員や従業員に対して定期的にトレーニングを実施すべきこと、これらの者からトレーニングにて解説した方針（例えば、外国公務員に対して贈答品を渡す場合には、必ずコンプライアンス部門の許可を得ること等）を完全に順守することについて確約を提出させるべきことを指摘する（同 C-4 ないし C-5）。シーメンス SM では、150 名以上の人員を投入し 162 の海外子会社にてトレーニングを実施したこと、違法行為の発生するリスクが高いと分析した 56 法人については、コンプライアンス・プログラム運用のためのサポート人員を 6 週間常駐させて対応に当たらせたことを詐欺課は評価している（同 23 頁）。天馬株式会社宛の社内調査報告書でも、海外子会社における違法行為の再発防止策の一環として、本社及び海外子会社双方の役職員に対する教育研修の必要性を指摘する[45]。

②　ガイドラインについて

米国司法省は、コンプライアンスガイドライン及び反トラスト局ガイドラインにおいて、コンプライアンスのトレーニングが効果的に実施されていると判断する際の考慮要因や指針を明らかにしている。それによると、①事前のリスク分析を前提に内容を選択したトレーニングを実施すること（画一的なトレーニングではなく、内部統制部門の担当者やリスク分析を前提に違法行為の発生可能性が高いと分析された事業部門の担当者、過去の違法行為が生じた部門の担当者に対しては、それぞれの役割や課題に応じたトレーニングを実施すること、法令の改正や摘発事例に併せて、トレーニングの内容をアップデートすること、管理職・上司及び取締役会の構成員に対してもトレーニングを実施すること）、②海外子会社の従業員の母国語で、かつ、可能な限り対面でトレーニングを実施し、トレーニングに関連した質疑の機会を設け、効果測定を実施すること（オンラインでのトレーニングの場合には、その必要性を合理的に説明できること）、③海外子会社にて違法行為が発生した場合や、グループの方

---

45)　株式会社天馬宛 2020 年 4 月 2 日付け「調査報告書（公開版）」77〜78 頁（http://www.daisanshaiinkai.com/cms/wp-content/uploads/2019/12/200402_chousa7958.pdf）。

針、手順、内部統制措置を遵守しなかったことを理由として従業員を解雇した場合に、何が問題で、あるべき対応はどのようなものか、（個人情報保護については配慮しつつ）他の従業員に情報共有（水平展開）すること、④海外子会社におけるコンプライアンス・プログラムの運用担当者において、経営管理契約を通じて親会社のコンプライアンス担当部門や法務部、又は外部法律事務所の助言を得るなどして、これに回答できる体制を構築すること等が必要となろう。

　なお、反トラスト法ガイドラインは、反トラスト法・競争法に関わるトレーニングでは、合法的なジョイントベンチャーやその他の競争促進的で中立な協調関係の一部でないのであれば、競争事業者との接触は反トラスト法違反の懸念を生じさせる可能性があること、合法的な協調関係であっても、競争上センシティブな情報や将来の価格情報を交換する関係に転化すると問題が生じうることについて扱うよう特に指摘している。反トラスト法・競争法のトレーニングを海外子会社にて実施する際に留意すべきであろう。

(5)　刑事犯罪行為を発見する監視及び監査等により、コンプライアンス及び倫理プログラムが遵守されているかどうか確認し、定期的に組織のコンプライアンス及び倫理プログラムの有効性を評価し、匿名及び秘密を前提として、従業員及び代理人が報復のおそれなく、潜在的又は現実的な刑事犯罪行為を報告し、あるいは指針を求めることができる仕組みを含む制度を確立し、公表することに、組織として合理的な手段を講ずること

（U.S.S.C. § 8B2.1 (b) (5)）

①　監視及び監査について

　定期的な監視及び監査等の重要性についても、米国司法省は、繰り返し指摘してきたところであるが、本件方針等において、Snyder 氏は、「proactive compliance program」の一環として、不正行為が発生しやすい事業について定期的な監視及び監査が必要であると指摘している。また、本件方針等において、Miller 氏は社内調査によって不正行為を特定し、これを米国司法省に迅速に開示する場合（これらは、不正行為の端緒を適切に把握し、迅速な社内調査を実施することが実務として定着していることを前提としている）、不正行為に関与した個人責任を明確にする事実及び証拠を提出することが必須不可欠

であるとする。米国証券取引委員会は、監視及び監査の前提として、リスク分析が必須不可欠であり、違法行為のリスクが高い国・地域や事業分野に対する監視及び監査はより厳密なものでなければならないとする[46]。海外子会社に対するリスク分析が実施未了であったり、不十分な場合は論外として、リスク分析がなされていても、選択した監視及び監査手段が不適切な場合には、コンプライアンス・プログラムの合理性が否定されることとなろう。なお、海外子会社における具体的な監視及び監査体制の構築については、第3章6を参照されたい。

②　内部通報について

　米国司法省は、コンプライアンスガイドライン及び反トラスト局ガイドラインにおいて内部通報制度の有効性を分析する際の指針を明らかにしている。それによると、①海外子会社を含め、内部通報制度を導入し、かつ、従業員及び第三者に周知すること（内部通報窓口は、潜在的な違法行為について報告を受領するとともに、内部通報者が会社の方針について助言を求めることができる必要がある。また、海外子会社及び親会社のコンプライアンス部門は、内部通報及びそれに基づく調査結果について、アクセスできる必要がある）、②内部通報に基づき社内調査を実施するか否か合理的な理由により判断し、利害関係人から独立かつ客観的に社内調査を実施し、調査過程及び結果につき文書化すること、③合理的な期間内に社内調査を実施し、事実認定及びそれに対する対応策を作成して実行に移すこと、及び④内部通報に寄せられた情報をリスク分析に反映させ、かつ、内部通報システムの有効性を定期的に評価することが必要となろう。日本企業の海外子会社で散見される、海外子会社にて内部通報制度が導入されているものの、事実上、利用されていない状態[47]では、内部通報システムが「有効」であると認定されることはない。海外子会社における具体的な内部通報制度の導入については、第3章7を参照されたい。

---

46)　Securities and Exchange Commission v. Eli Lilly and Company, Civil Action No. 1:12-cv-02045（D.D.C.）.

47)　実際に不祥事が発生してしまった事例ではこのような案件が少なくない。例えば、KDDI 株式会社宛て 2015 年 8 月 21 日付け調査報告書（公開版）4、48 頁（http://news.kddi.com/kddi/corporate/ir-news/2015/08/21/pdf/20150821_jp.pdf）。

　なお、詐欺課及び反トラスト局、いずれの方針にても明言されていないものの、内部通報者に対する報復行為を防ぐ体制を親会社のみならず海外子会社にても導入しておきたいところである。反トラスト法の領域では、2011年以降、Government Accountability Office が、反トラスト法の刑事執行に関し、内部通報者に対する報復防止措置導入の必要性について調査を実施し、その結果、報復行為に対して提起したクレイトン法 4 条に基づく民事訴訟は概ね失敗しており、立法措置による救済が不可欠であると提唱してきた。その結果、Antitrust Criminal Penalty Enhancement and Reform Act of 2004 の改正として、2020 年 12 月 23 日、Criminal Antitrust Anti-Retaliation Act of 2019（「CAAA」）が施行されるに至っている。量刑ガイドライン及び反トラスト局のガイドラインでは、内部通報に対して本件禁止行為がなされた場合に、コンプライアンス・プログラムの有効性が否定されるとは述べていない。しかし、実務的には、CAAA 記載の禁止行為がなされた場合には、被疑事業者に対して、コンプライアンス・倫理プログラムの存在について疑義が投げかけられる可能性があろう。報復のおそれなく内部通報できる体制を整えるべきところ、報復行為が生じた以上、そのような体制は存在しないと解さざるを得ないというのが理由となると思われる。この場合、反トラスト法違反行為自体に対する罰金算定において、コンプライアンス・倫理プログラムの有効性に疑義があるとの理由で、責任スコアが高く算定されたり、責任スコア決定後、倍数選択の際に上限に近い倍数が選択され、結果、罰金額が高く算出される可能性があろう。

⑹　コンプライアンス及び倫理プログラムに沿った行動をとるよう適切なインセンティブを通じ、また、刑事犯罪行為に従事したり、これを防いだり、発見するのに合理的な手段を尽くさなかったものに対する懲戒処分を実施することで、組織において一貫してコンプライアンス及び倫理プログラムを運用すること

（U.S.S.C. § 8B2.1（b）⑹）

①　米国司法省の方針等

ア　本件方針等

　そもそも、米国司法省の考察によれば、実効性のあるコンプライアンス及び倫理プログラムといえるためには、社内における違法行為発生時に、解雇

を含む人事処分を含んだ懲戒処分がなされることが制度的に担保され、か
つ、それが執行されることが所与の前提であり[48]、しかも、懲戒処分の実施
が実効性のあるコンプライアンス及び倫理プログラムの重要要素であること
は、これまでも折りに触れて米国司法省の高官が触れてきたところであ
る[49]。海外子会社において違法行為が発生した時もこれは妥当する。シーメ
ンス SM では、本社の主要幹部の多くが、違法行為の責任を取って退任し、
詐欺課は、これを評価している（同 22 頁）。米国司法省との司法取引におい
て担当検察官もたびたび言及しているが、コンプライアンスを重視する企業
文化を創るためには、企業のコンプライアンス・プログラムに違反した役職
員に対して相応の処分を下すことが必須不可欠である。また、いわゆる
Yates Memo[50] においても個人責任の特定及び明確化が必要であることも明
白であり、個人の刑事責任が明確になる以上、忠実義務の観点からもこれを
放置することができないのが論理的な帰結ではある。なお、当該方針は、バ
イデン政権にても引き継がれ、Deputy Attorney General である Lisa Monaco
が公表した Monaco Memo[51] にて、違法行為を犯した個人責任を明確化する
ことが企業犯罪に対処する最も効果的な手段の一つであること、また、
Second Monaco Memo にても、事業会社が被疑対象となった場合に、速や
かに違法行為に責任のある全ての個人と裏付け情報を米国司法省の連邦検察
官に提供することが重要であると特に指摘している。もっとも、米国司法省
は懲戒処分の内実について具体的なガイドラインを示していない。他方、米

---

48) Gary R. Spratling, Deputy Ass't Att'y Gen., Antitrust Div., DOJ, Corporate Crime in
America：Strengthening the "Good Citizen" Corporation, at 6 (Sept. 8, 1995).
49) 違反行為に対する懲戒処分は「a necessary component of enforcement」であるとされ
る（量刑ガイドライン §8B2.1（b）（6）についての commentary 参照）。無論、懲戒処
分としてどのような手段が適切かはケース・バイ・ケースであるが、違法行為の再発防
止を徹底し、組織においてコンプライアンス・プログラムが漏れなく遵守される状況を
実現する上で、適切な処分である必要があろう。
50) Sally Quillian Yates, Individual Accountability for Corporate Wrongdoing（September 9,
2015）. なお、同 memo では、量刑ガイドライン上の cooperation credit ではなく、いわ
ゆる Philip Factor における cooperation credit を問題としている点に留意すべきである
（In order for a company to receive any consideration for cooperation under the Principles
of Federal Prosecution of Business Organizations, the company must completely disclose
to the Department all relevant facts about individual misconduct）.
51) Lisa Monaco, Corporate Crime Advisory Group and Initial Revisions to Corporate
Criminal Enforcement Policies（Oct. 28, 2021）.

国司法省との司法取引による限り、以下のような論点について検討する必要
がある。

　イ　責任者の範囲

　従前の米国司法省の方針を前提とする限り、懲戒処分の対象とすべき「責
任者」とは、違法行為に直接又は間接に関与した役職員のみならず、社内環
境を作ったり、部下の管理に失敗して違法行為を誘発した上位職位者
(senior manager) も含む趣旨に捉えるのが相当である[52]。海外子会社にて違
法行為が発生した場合に、親会社の関係者も「責任者」と認定すべきかどう
かは、事案により、ケース・バイ・ケースで判断することとなろう。なお、
「責任者」本人が自らの責任を受け入れないことは、「責任者」該当性の認定
を左右しないことには留意が必要であろう。無論、懲戒権の濫用等に該当し
ないようにする等の配慮は必要であるが、本件方針等を前提とする限り、企
業として責任があることを認識しつつ、自らの責任を認めないという理由で
「責任者」に対する社内処分を実施しないことには合理的な理由が見出し難
い。

　ウ　懲戒処分

　i　社内における異動等

　本件指針等によれば、「責任者」に対する懲戒処分として、最低限、現在
の職位から異動させることが必要となるとされる。より具体的には、「責任
者」については、①実質的な権限のある役職、②直接的又は間接的に違法行
為に関わり続けることができる役職、③企業のコンプライアンス・プログラ
ムを監督する役職、④自分に対する証人となりうる個人を監督する立場から
異動させる必要がある。同一組織内において、取締役、執行役員、及び部長
職といった権限を伴う役職に留め置くことはできず（①及び④に該当する）、
また、これらの職位を含む実質的権限がある地位か否かに関わらず、営業職
に留め置くこともできないといえる（②に該当しうる）。これらを踏まえた上
で、違法行為に対する役割の軽重等を勘案し、また、社内の懲戒制度を前提
としつつ、合理的な処分を選択する必要がある。

　取締役などの役員の地位にある「責任者」について、役員からの解任が必

---

52) *See i.e.*, William J. Kolasky, Antitrust Compliance Programs：The Government
　　Perspective (July 12, 2012).

要であること（上記①に該当する）については、米国司法省も、本件指針等において、明らかにしている。すなわち、Baer 氏は、「自身の犯罪行為に対する責任を受け入れず、かつ企業としても罪を負うべき人間であると分かっている者を上級経営陣として、かつ価格設定の責任者の役職で雇用し続けると同時に、一方で、企業がコンプライアンスの文化を促進できるとは想像し難い」と指摘し、また、Snyder 氏も、「企業が、責任のある従業員を、同じ行動を繰り返したり、企業の内部調査及び調査協力を妨害したり、自身に対する証人となりうる従業員に影響を及ぼすことができる立場に留める場合、実効的な反トラスト法コンプライアンスにかかるコミットメントに対する深刻な疑問及び懸念が生じる」と述べる。また、Miller 氏も「不正行為を行った下級職員を解雇する一方、当該行為を止めるために何の策も講じなかった（当該行為を指示した可能性さえある）上司に対して何らの制裁も加えない場合」、米国司法省は納得しない旨、特に指摘している。

　「責任者」について、海外子会社や関連会社に転籍させることで上記①〜④を満たすといえるか。この点、米国司法省は一切指針を示していないが、海外子会社や関連会社という別の組織に異動することで上記②〜④について合理的な説明をしやすくなるとはいえる。また、①については、転籍後の職位・職責如何であり、職位の上では副社長であっても、海外子会社や関連会社の業務について判断する権限がなければ、実質的な権限を伴わないとして①を満たし、他方で、部長代理のような職位であっても、実質的には営業政策や価格決定の権限を有する場合には①を満たさないといえる。

　ⅱ　処分の軽重等

　社内処分の選択においては、①有罪判決を受けたもの、②有罪判決は受けなかったもののカーブアウト指名を受けたもの、③カーブアウト指名を受けなかった、あるいは当局の捜査の対象になっていない（捜査が開始されていない場合も含む）ものの違法行為について責任があるもの、④③のうち、管理責任に留まるもの、⑤違法行為を認識・認容していたもの、違法行為を幇助したもの、違法行為に加担したもの、これらのものの間では、当然、処分の軽重（解任・懲戒解雇にするのか、将来復職がありうるのか、配転に留めるのか等）があって然るべきであろう。但し、筆者の司法取引経験を前提とする限り、米国司法省の捜査が開始され、特定の個人が有罪判決を受けた場合に、これらのものと委任関係・雇用関係を継続するという選択肢はない。こ

のような場合には、親会社を含めた企業グループ全体のコンプライアンス・プログラムの有効性及び実効性について、相当程度に深刻な疑義を呈される結果となろう。

　エ　懲戒処分の実施時期

　懲戒処分の実施時期については、比較的柔軟な運用が許容されている。少なくとも、筆者の直近の経験による限り、米国司法省の捜査が開始された場合でも、個人弁護人選任時あるいはカーブアウト時に懲戒処分を実施しなければならないということではなく、個人に対する刑事処分の帰趨確定時において被疑事業会社において懲戒処分を実施することも許容されている。実際問題として、懲戒処分を相当程度早期に実施すれば、当該役職員から情報提供を受けることは不可能であり、社内調査において真相を解明することに困難が生じ、捜査協力に支障が発生することも考えうる。懲戒処分の実施時期については、捜査の帰趨も見定めつつ、慎重に選択する必要があるといえる。

②　ガイドラインについて

　詐欺課は、明確な懲戒手続を設け、組織において一貫して適用すべきことを指摘し、コンプライアンスガイドラインにて、懲戒処分について指針を示している。それによれば、①事前に懲戒手続を策定し、当該手続を適用すること（ゴールドマンDPA（同C-6）及びタカタPA（同C-7）でもこの点を指摘する）、懲戒結果については（法的な制約がない限り）社内に展開すること、②懲戒処分は公平かつ一貫して実施をすること（コンプライアンス部門において、懲戒手続のための調査及び処分を監督すること）、③コンプライアンス・プログラムを遵守することに対する動機付け（トレーニングに参加し、効果測定に合格することを、社内的な昇進の条件にするなど。Second Monaco Memoでも、コンプライアンスを促進する活動に対して給料の反映させる制度導入を例示する。また、ダイムラーSMでは、コンプライアンスの達成目標を定め、これに到達できない場合には、役員会のメンバーのボーナスを最大25％減額するとし、コンプライアンス・プログラムの運用と報酬を連動させるインセンティブを設定し、FCPA及び反汚職に対するコンプライアンスの実現を業績評価の一項目として定義したことが指摘されている（同16頁）。詐欺課はこれを評価している。Second Monaco Memoでは、対象者の報酬を減額したり、返金可能にする制度（clawback

provisions）を導入しているかどうかを分析対象とすべきとしている）をすること
が必要となろう。

⑺　刑事犯罪行為が発見された後、組織のコンプライアンス及び倫理プログラムに必要な修正を加える等、刑事犯罪行為に適切に対処し、類似の刑事犯罪行為を防ぐため、組織として適切な手段を講じること（U.S.S.C. § 8B2.1（b）⑺）

本件方針等でも指摘されているが、社内調査等によって不正行為が特定された場合、再発防止ためにコンプライアンス・プログラムを修正する必要がある。この点、コンプライアンスガイドラインは、刑事犯罪行為が発見された後にコンプライアンス・プログラムに適切な修正がなされているか否かについて、違法行為はどのような種類の監査によって明らかになったと考えられるか、そうした監査が実際に行われたか、そうした監査の結果はどのようなものであったか、どのような種類の監査結果や是正進捗状況が、経営陣や取締役会に定期的に報告されているか、経営陣や取締役会はどのようにフォローアップしているか、内部監査はハイリスク分野における評価を、通常、どの程度の頻度で行っているか、コンプライアンス・プログラムの見直しや監査（内部統制措置の検査、コンプライアンスデータの収集・分析、従業員や第三者の面接を含む）を行っているか、監査結果はどのように報告され、アクションアイテムはどのように監視されているか、通常、内部統制上どのような検査を行っているのかといった観点から分析すべきとする。

社内調査を通じて違法行為が発見されたにもかかわらず、コンプライアンス・プログラムに何らの見直しも修正もされない場合には、コンプライアンス・プログラムの実効性自体に疑義を呈せられることとなる。米国司法省の捜査対象になっている場合には、後述する監督人の選任を検討する要因の1つとなりうる[53]。

53）*See, e.g.*, Joel Schectman, SEC Official：Company Reforms Can Make Monitorships Unnecessary, The Wall Street J.（15 October 2014）, available at https://blogs.wsj.com/riskandcompliance/2014/10/15/sec-official-company-reforms-can-make-monitorships-unnecessary/.

⑻　組織として、定期的に刑事犯罪のリスクを検証し、コンプラ イアンス及び倫理プログラムの各要請を設計、実行及び修正す る上で、適切な手段を講じること（U.S.S.C.§8B2.1（c））

　本件指針等でも言及されているが、企業の事業展開や規模が変化するのに 応じて、コンプライアンス・プログラムの有効性を定期的に評価し、それに によりプログラム自体を修正する必要がある。コンプライアンスガイドライン によると、どの程度の頻度で、リスクアセスメントを更新し、コンプライア ンス関連の方針や手順や慣行の見直しを行っているか、方針・手順・慣行が 特定の事業部門や海外子会社にとって道理にかなっているか否かを判断する ためにどのような措置を講じているかといった観点から分析することを明ら かにしている。定期的な有効性評価の重要性は、ゴールドマン DPA（同 C-3 ないし C-4）、エアバス DPA（同 C-4）、タカタ PA（同 C-4）でも指摘されて いる。

　また、米国司法省は、コンプライアンス手続の実効性評価に際して、違法 行為が特定されてからどの程度迅速に政府に開示したのかを重視している点 は留意が必要であろう。当該方針は、バイデン政権でも堅持され、Second Monaco Memo でも明記されている。米国司法省は、開示された事象に対し て、実際に捜査に着手するかどうか判断する上でも、開示の迅速性を重視す る。定期的な監査が実施されず、社内における不正行為を摘発する手続が備 わっていないプログラムは論外であるとして、仮に定期的な監査が実施され ていても、認定された違法行為についての開示がなされなかったり、開示が なされても時間がかかるようであると、実効性のあるコンプライアンス・プ ログラムを整備していると認定されることはない。また、グループ全体のコ ンプライアンスに対する理解を測る指標として、米国司法省は、親会社及び 海外子会社の経営層が、どれだけ不正行為を自主的に開示するよう努めたの かに着目する。そもそも、自主的申告がなされないようであると、米国司法 省は、海外子会社のみならず、親会社についてもコンプライアンスに対する 姿勢に疑義を有する。その場合、米国司法省は、刑事事件の処分として、コ ンプライアンスを徹底するために後述する監督人を選定することを検討す る。コンプライアンスの手続の合理性を確保するためには、親会社及び海外 子会社双方について、海外子会社にて違法行為が認定された場合の開示の手

続について規定しておくことが必要となろう。

3 実効性のあるコンプライアンス及び倫理プログラムによる法的効果

　海外子会社のコンプライアンス及び倫理プログラムが実効性のあるものと認定される場合の法的効果は何か。前述のとおり、日本法の下では、海外子会社にて違法行為が発生した場合には、親会社取締役による子会社監視義務違反が問題となりうる。この場合、子会社の取締役・監査役を兼務していた親会社取締役については、善管注意義務違反が認定されている（福岡高判平成24年4月13日金判1399号24頁）。将来的には、親会社の取締役一般について、子会社のコンプライアンス・プログラムを整備して不正行為を抑止すべき法的責任が正面から認定される可能性があろう。海外子会社において実効性のあるコンプライアンス及び倫理プログラムを整備することは、日本法における善管注意義務を全うするという法的効果を生じさせるといえる。

　他方、海外子会社が所在する国や地域の法体系における法的効果はどうであろうか。海外法の全てについて分析することはできないが、以下、代表的な海外法として、米国法上の効果について概観したい。

(1) 訴追判断
　米国司法省は、起訴・不起訴の判断にあたって、USAM の Principles of Federal Prosecution 中、10項目から構成されるいわゆる Filip ファクター（USAM 9-28.300）を当然分析対象とする[54]。その第5要素によると「当該会社の既存のコンプライアンス・プログラムの存在及び実効性」を検討するとされ（USAM 9-28.300、9-28.800）、かつ、第7要素では、実効性のあるコンプライアンス・プログラムを施行するためにどのような努力を払ったか、既存のコンプライアンス・プログラムの改善のために何をしたか、違法行為に

54）November 2018 revised. 改正後の分析要素は、①執行における優先度合い、②組織犯罪か否か、③同種前科の有無等、④捜査への協力、⑤犯罪時のコンプライアンス・プログラムの程度、⑥開示のタイミング、⑦犯罪後のコンプライアンス・プログラムの強化等の再発防止措置等の程度、⑧株主等に対する付随的影響の程度、⑨民事等による損害賠償の程度、及び⑩責任者に対する刑事訴追の程度である。

責任のある上級職員を交替させ、また一般職員に対して懲戒処分を加えたか否か、損害賠償をしたかどうか、捜査機関に協力したかどうかといった事情についても検討するとされている（USAM 9-28.300、9-28.1000）。USAM の改正により、実効性のあるコンプライアンス・プログラムが導入され、経営陣が当該プログラムを真剣に運用している場合には、刑事訴追処分の判断においてそのようなプログラムを有していることが考慮の対象になりうることが明らかにされ[55]、訴追判断において、実効性のあるコンプライアンス・プログラムの存否を分析対象としなければならないことが明らかにされた[56]。

　上記を受けて、反トラスト局も従前の政策を転換し、実効的なコンプライアンス・プログラムが存在すると認定する場合には、訴追延期合意（「DPA」）を選択することを公表した（しかしながら、non prosecution agreement は選択されない）。但し、コンプライアンス・プログラムが存在するだけでは DPA が選択されることにはならず[57]、反トラスト局の検察官は、事案ごとに、コンプライアンス・プログラムが、従業員による違法行為を抑止・摘発するために最大限効果的に設計されていたかどうかを詳細に分析した上で、適否を判断するとされる。

(2)　罰金の算定

①　量刑ガイドラインによる罰金の算定

量刑ガイドラインは、実際の量刑の決定方法を定めている。法人に対する罰金額の算定の枠組みの概要は、図１のとおりである。

　ア　基礎金額の決定

　基礎金額（U.S.S.G. § 8C2.4）は、原則として、犯罪レベルにより定められる金額（同（a）(1)及び（d））、犯罪により取得した利益（同（a）(2)）又は故意等により犯罪によりもたらされた損失（同(3)）のうち最も金額が高いものである。

---

55) Makan Delrahim, Wind of Change：A New Model for Incentivizing Antitrust Compliance Programs at 7-8 (July 11, 2019).
56) U.S. Department of Justice, Antitrust Division Manual (Updated July 2019).
57) United States v. Basic Const. Co., 711 F.2d 570, 573 (4th Cir. 1983) にて明確に確認されている。

イ　責任スコアによる罰金額の上限・下限の算出

　量刑ガイドラインによると、法人には、基礎ポイントとして5ポイントが与えられ（U.S.S.G.§8C2.5（a））、その上で、表1のとおり、6項目それぞれを検討してポイントを加減して最終的な責任スコアを算出する。

　A　役員等の関与及び法人の規模（U.S.S.G.§8C2.5（b））

　上級職員が違法行為に関与したときは法人の規模に応じて3ないし5ポイントが加算され（U.S.S.G.§8C2.5（b）⑴-⑶）、実質的な権限を伴う職員が違法行為に関与したときは法人の規模に応じて1又は2ポイントが加算される（同⑷及び⑸）。

　B　同種行為の前科・前歴（U.S.S.G.§8C2.5（c））

　法人が同種違反行為について刑事処分を受け、又は類似違反行為について2以上の手続により民事処分又は行政処分を受けてから10年以内に同じ行為を行ったときは1ポイント加算され（U.S.S.G.§8C2.5（c）⑴）、5年以内に行ったときは2ポイント加算される（同⑵）。

図1　量刑ガイドラインによる罰金額の決定

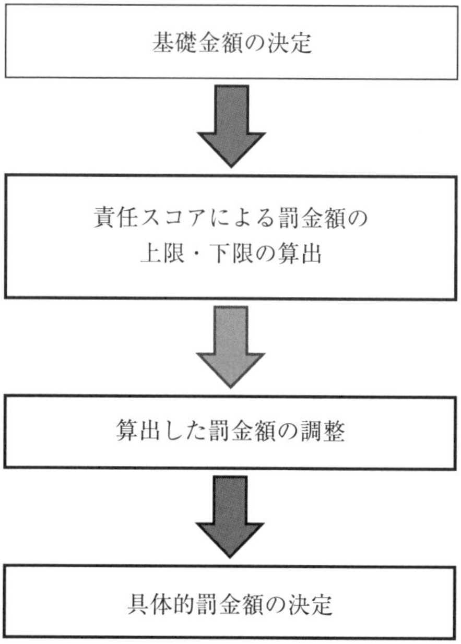

基礎金額の決定

責任スコアによる罰金額の
上限・下限の算出

算出した罰金額の調整

具体的罰金額の決定

表3　倍数表

責任スコア	最小倍数	最大倍数
10 以上	2.00	4.00
9	1.80	3.60
8	1.60	3.20
7	1.40	2.80
6	1.20	2.40
5	1.00	2.00
4	0.80	1.60
3	0.60	1.20
2	0.40	0.80
1	0.20	0.40
0 以下	0.05	0.20

C　命令違反（U.S.S.G. § 8C2.5（d））

裁判所命令に対する違反には2ポイント加算される。

D　司法妨害（U.S.S.G. § 8C2.5（e））

捜査、訴追、裁判、量刑の手続を故意に妨害し、妨害しようとし、又はこの種の妨害行為の発生を防止するための合理的措置を取らなかったときは3ポイント加算される。

E　実効性のあるコンプライアンス及び倫理プログラム（U.S.S.G. § 8C2.5（f））

量刑ガイドラインによると、違反行為時において、表1記載の各要件を満たす実効性のあるコンプライアンス及び倫理プログラムを作っていたときは3ポイント軽減される（U.S.S.G. § 8C2.5（f）(1)）[58]。但し、上級職員が違反行為に参加し、違反行為を見逃し、故意にこれを無視した場合は軽減されない（同(3)（A））。実質的権限を持つ職員の違反行為への参加はかかるプログラムがないことの推定になる（同（B））。法人が違反行為に気づいた後に米国政府への報告を合理的理由なく遅らせた場合には軽減を受けない（同(2)）。なお、本件方針等でも再度確認されたところであるが、反トラスト法違反等で

---

[58]　但し、米国司法省ワシントンDC本庁所属の検察官によると、日本企業の被疑事件において3ポイント認定された事案は寡聞であるとのことである。

反トラスト局に摘発をされた場合、実効性のあるコンプライアンス及び倫理プログラムを有していると認定されることはない。違法行為の発生を防げなかったことは、プログラムが実効性を欠いていた証左であるとされる。しかし、量刑ガイドライン上、倍数表の最小倍数及び最大倍数には相当程度の幅がある。しかも、量刑ガイドラインには、罰金範囲からの逸脱が認められており、これが認められる場合の１つである当局に対する実質的協力（Substantial Assistance to Authorities）（U.S.S.C.§8C4.1）の認定において、どのような事実を前提として、米国司法省の捜査への実質的な協力の提供があったと認定されるかについても相当程度の裁量が認められている。司法取引の実務を前提とする限り、実効性のあるコンプライアンス及び倫理プログラムの導入に向けて真摯な努力をしていた事実や、再発防止策の一環としてこのようなプログラムの導入を進めている事実は、倍数表に基づく倍数選択において、あるいは、実質的協力の認定において、有利な判断を受ける材料となりうる。

F　報告・協力・責任の引受け（U.S.S.G.§8C2.5（g））

違法行為の発覚又は政府による捜査着手の直前よりも前にその発生を知ってから十分迅速に、権限ある政府機関に報告し、捜査に全面的に協力し、違反行為を明確に認識し、違反行為に対する責任を積極的に引き受けたときは５ポイント軽減される（U.S.S.G.§8C2.5（g）(1)）。捜査着手後であるが全面的に捜査に協力し、責任を積極的に引き受けたときは２ポイント軽減され（同(2)）、責任を引き受けたのみの場合は１ポイント軽減される（同(3)）。Second Monaco Memo によると、後述する監督処分のためには自主的な開示が不可欠であること、米国国内のみならず、米国国外に所在する関連書類を保存・提供することが捜査協力による減刑処分を受ける上で重要であることを指摘する。なお、連邦政府は、米国国外に所在する関連書類の提供に際してはGDPR 等の個人情報保護法による制約があることを認識しつつ、被疑事業者において当該制約を説明すべきこと、及び合理的な代替提案をすべきこと、個人情報保護法を口実として関連書類の提供を拒否する場合、被疑事業者に不利な推認を働かせる要因になること（つまり、被疑事業者にとって不都合な事実が含まれているため提出を拒否していると認定すること）を指摘する。

ウ　算出罰金額の調整と具体的な罰金額の決定

上記により算出された責任スコアを倍数表（U.S.S.G.§8C2.6）に当てはめ

基礎罰金額に乗ずべき倍数を決定する。倍数表は表3のとおりである。この範囲で、刑罰の目的、違法行為における法人の役割及び有罪判決の影響等を考慮して最終的な罰金額を決定する（U.S.S.G.§8C2.8（a）(1)–(11),（b)）。

②　コンプライアンス・クレジット

　反トラスト局は、摘発の対象となった場合でも、その後、コンプライアンス・プログラムを実施するに留まらず、企業文化を変えるべく、「extra ordinary」な努力を払った場合、いわゆる、コンプライアンス・クレジットを認定し、罰金額を減額する方向で考慮することを明らかにし、実際に、反トラスト法の歴史上はじめてこのようなクレジットを認定し、罰金を減額している[59]。

　米国における米国司法制度上、刑罰を課す場合、裁判所は、犯罪の重大性等複数の要素を勘案する（18 U.S. Code §3553（a）(2)）が、罰金刑の場合には、懲戒処分や再発防止策の実施の有無等を特に考慮する（18 U.S. Code §3572（a））。かかる考慮を通じた罰金額の減額は理論的には従前より可能であったが、反トラスト局は、「コンプライアンス・クレジット」の認定により、このような制度運用を通じて、罰金額の減額がありうることを明らかにした。反トラスト局がこのような認定をしたのは、Barclay事件とKYB事件の2件である。反トラスト局は、いずれの事件においても、企業文化を変えるための「extra ordinary」な努力が払われたことを認定しているが、このような事実を認定するに際して、Barclay事件では、①上級職員を解雇し、コンプライアンスを重視する後任を着任させたこと、②内部統制及び管理に関する既存の書面に対する詳細な分析及び業界のガイドライン等の検討を含む、内部統制、リスク管理プログラムの再検討を実施したこと、③全世界の9000名の職員に対してアンケートを、600名以上の関係者にインタビューを実施し、それに基づいて組織構造を変革し、コンプライアンス部門の独立性を高めたこと、④法務及びコンプライアンス機能をビジネス部門から完全に独立させたこと、⑤チャット・ルームの使用及び電子的な方法を用いた情報交換に対する新しい規制の導入等、外国為替証拠金取引（Foreign

---

59）Plea agreement between the United States and Barclays PLC, para. 13；United States v. Kayaba Industry Co., Ltd., No. 15-CR-00098（S.D. Oh. Oct. 5, 2015）.

Exchange Margin Trading）の業務方法を見直してこれを修正したことを[60]、KYB 事件では、①トップ・マネジメントがコンプライアンスを実現することについて明確な指針を明らかにして、役職員と共有していること、②上級職員及び営業職員に対してトレーニングを実施し、カルテルのリスクが高い部門についてはクラスルームタイプのトレーニングではなく、個別面談方式のトレーニングを実施していること、トレーニングの有効性を検証する機会を設けていること、③内部通報制度を設けてこれを運用していること、④競争事業者の関係者と会う場合に事前申請を義務化して法務部がこれを確認し、営業職員が価格を決定する場合に、競争事業者との情報交換によってこれを決めたものではないことを表明保証しなければならないとしていること、⑤上級職員2名を含む、カルテルに関与した関係者に対して、速やかに降格処分や営業職からの異動を含む懲戒処分を実施したこと[61]を重視している。

(3) 監督処分（Probation）

　米国司法省は、実効性のあるコンプライアンス及びプログラムを実現する取り組みに対して、罰金額の減額という恩典を与える一方、これを怠った場合の代償も準備している。それが、日本ではなじみが薄いものの、FCPA 事件では既に適用例が蓄積してきている監督処分である。2016 年 1 月 21 日に実施された NEC トーキンに対する、キャパシター・カルテルにおける、sentencing hearing において、Judge James Donato は、同社に対して監督処分を求めない反トラスト局の対応に強い不満を示し、監督処分に付することが、「basic in an antitrust case」との考えを示しており、今後、このような処分に付される事案が増加することが予想される。なお、米国における監督処分が課される条件として、対象企業が米国企業である必要はなく、米国以外の企業に課することに支障はない[62]。反トラスト局は、反トラスト局ガイ

---

60) United States' Sentencing Memorandum and Monitor for Departure（Criminal No.：3：15-cr-00077（SRU）），at 10-11.

61) United States Sentencing Memorandum and Motion for a Downward Departure Pursuant to United States Sentencing Guideline § 8C 4.1（Criminal No. 1：15-CR-0098），at 7-8.

62) SEC Press Release, VimpelCom to Pay $795 Million in Global Settlement for FCPA Violations（18 February 2016），available at https://www.sec.gov/news/pressrelease/2016-34.html.

ドラインにおいて、責任のある個人を組織内で権限を有する職位に留めたり、有罪答弁の前に他のカルテルを報告しなかった場合に適用されるPenalty Plus の処分を受けた場合を除いて、通常、捜査に協力し、かつ、刑事責任を認めた会社に対して監督処分を求めないこと、他方で、トライアルにおいて有罪判決を得た場合には、会社において責任を認めず、コンプライアンス・プログラムを実施したり、これを修正したりしない場合には、反トラスト局は、監督処分を求めること、違法行為発生時にコンプライアンス・プログラムが存在しない場合には、実効性のあるコンプライアンス・プログラムの要件を満たすプログラムを導入したのか否か分析し、適切なコンプライアンス・プログラムを作成しない場合、監督処分の条件として定期的な報告を求め、また、場合によっては時期に適った報告を確保するため、外部の監督人を選任するという方針を明らかにしている。

①　監督処分の根拠等
米国法上、重罪に対する有罪判決に対しては最長５年間の監督処分を付することができる（18 U.S.C. § 3561 (c) (1)、U.S.S.G. § 8D1.2 (a)）[63]。

監督処分による義務は多岐にわたるが、実効性のあるコンプライアンス・プログラムの策定も含まれうる（may be appropriate）(U.S.S.G. § 8D1.4 (b)(1))。監督処分は、期間満了まで、裁判所により修正や取消しが可能である（18 U.S.C. § 3563 (c), 18 U.S.C. § 3564 (e)）。裁判所には、監督処分において付する条件につき裁量が認められている（Discretionary Conditions）（18 U.S.C. § 3563 (b), U.S.S.G. § § 8D1.3 及び 8D1.4.）。

②　監督処分の要件等
監督処分を付すべき場合について、量刑ガイドラインは、①損害賠償を確実にし、是正措置を執行し、公共奉仕義務を完了させるのに必要な場合（U.S.S.G. § 8D.1.1 (a) (3)）、②罰金刑が課された場合で、企業が有罪判決時に完済せず、支払能力を維持するために制限が必要である場合（同(2)）、③ 50人以上の従業員を擁する企業、又は法律により実効性のあるコンプライアン

---

[63] FCPA における詐欺課の実務では通常３年間である。著名なシーメンス事件では元財務大臣（Minister of Finance）が任期４年で選任されている。

ス・プログラムの導入が義務付けられているにもかかわらずコンプライアンス・プログラムを導入していない場合（同⑶）、④有罪判決を受ける5年以内に同種の犯罪に従事し、前の犯罪の後に今回の犯罪がなされた場合（同⑷）、⑤犯罪行為がなされた組織の上級職員又は部門長が今回の犯罪組織に荷担し、これらのものが5年以内に同種の犯罪に従事し、前の犯罪の後に今回の犯罪がなされた場合（同⑸）⑥将来の犯罪行為の可能性を小さくするための社内改革を確保するにあたり監督処分が必要とされる場合（同⑹）、⑦宣告刑が罰金刑を含まない場合（同⑺）、及び⑧18 U.S.C. § 3553 (a)⑵記載の目的の1つ又は複数を達成するのに必要な場合（同⑻）を規定している。

③　監督処分の内容等

　典型的な監督処分の内容としては、監督処分の期間中、連邦、州、その他の地方自治体の法律違反を禁止するというものである（18 U.S.C. § 3563 (a)⑴)。このような義務を課された場合、監督処分の期間中にこれらの法律違反を犯した場合、裁判所は、監督処分を取り消し、より重い宣告刑を含む判決を下す。

　上記の典型例以外の監督処分の内容としては、違法行為の性質の開示、社内コンプライアンス及び倫理プログラムの作成、従業員及び株主に対するコンプライアンス及び倫理プログラムの告知、財務状況及び財務上の重大かつ不利な変化の開示を含めた裁判所への定期的な報告、及び帳簿や記録の定期的又は抜打調査の受入れ等である。これらの義務違反があった場合には、上記の典型的な監督処分違反の場合同様、監督処分の期間延長やより重い義務の賦課、監督処分付き有罪判決を取り消し、（より重い内容を含む）有罪判決を再度発令することも可能である。

④　監督人（Monitor）の選任

　監督人とは監督処分を監督する担当者であり、監督処分の履行状況等を監督するために選任される。FCPAにおける実務では、監督人の選任について、米国司法省刑事局は企業側の意見及び推薦等を聞いた上で、最低でも3名の候補者を選出し[64]、最終的に同局において判断するという実務を採用し、多くの場合、監督人の職務終了後1年間、監督人を雇用しないことを事業会社側に求める[65]。反トラスト法違反事件であるAU Optronics事件[66]でも同様

の実務が踏襲されている。

　なお、Second Monamo Memo によると、監督人を選任するか否かに際して、連邦検察官は、①米国司法省の自主開示基準に沿う形で被疑事業者が不正行為を自主開示したか否か、②米国司法省との司法取引時において、リスク分析に基づき、将来、同様の不正行為を摘発し、又は抑止するのに効果的なコンプライアンス・プログラム及び内部統制を導入したかどうか、③米国司法省との司法取引時において、効果的なコンプライアンス・プログラム及び内部統制が将来同様の不正行為を摘発・抑止できることを検証したかどうか、④不正行為が長年にわたり継続され、上級職員、幹部又は執行役により承認、促進又は見てみぬふりをされてきたかどうか（会社の文化として、違法行為のリスクのある行為や不正行為を許容したり、潜在的なリスクや問題点を率直に議論することを妨げてきたかどうかを含む）、⑤不正行為が、不十分なコンプライアンス・プログラム及び内部統制制度の不備を突いたものであったものか否か、⑥潜在的な不正行為が、コンプライアンス担当者の積極的な関与、又は適切に問題点をエスカレーションできなかったことにも起因するのか、⑦被疑事業者において、不正行為について管理又は監督責任のある幹部職員を含む不正行為に関わった個人との契約解除や関係の切断、解雇や懲戒処分といった不正行為の是正措置を講じたかどうか、⑧司法取引時において、リスク分析結果が変化し、不正行為が再発するリスクは最小限又は存在しない状態になったか、⑨被疑事業者が事業活動を行う特定の地域又はビジネス分野や顧客の性質により、特有のコンプライアンス上の課題に直面しているかどうか、及び⑩被疑事業者において、監督官庁の管理や米国国内又は海外の執行機関若しくは当局により別個の監督処分の対象になっているかどうかを検討すべきとする。

　また、Second Monaco Memo では、監督人の選任過程の一貫性・透明性

64）Memorandum from Craig S. Morford, Deputy Att'y Gen., to All Component Heads and US Att'ys, Selection and Use of Monitors in Deferred Prosecution Agreements（7 March 2008）.

65）Rachel G. Jackson, Data Show Trend Away from Monitors for Voluntary Disclosures, Just Anti-Corruption（31 May 2012）, available at https://www.millerchevalier.com/portalresource/lookup/poid/Z1tOl9NPluKPtDNIqLMRVPMQiLsSwCZCm83!/document.name＝/Data％20Show％20Trend％206％205％2012.pdf.

66）See United States v. AU Optronics Corp., CR 09-00110-10SI（N.D. Cal. 2012）.

確保の重要性を指摘し、①利益相反がないことを確認し、記録化するために、倫理・職業責任担当者一名を少なくとも含む捜査担当部署又はその他の部署に設置されたアドホックの又は既存の委員会が選任すること、② diversity and inclusion を考慮したものであること、③監督人の選任又は非選任、選任した場合には、監督人選任の理由を記した合意書を、関係当局に通知すべきことを明らかにする。

　ア　監督人の職務等
　i　職務の基本的方針

　FCPA の実務において、詐欺課は、不起訴（non prosecution）又は起訴猶予（deferred prosecution）合意の際に選任する監督人の責務として、①監督人は独立第三者の当事者であり、政府や対象となる企業の被雇用者や代理人ではないこと、②監督人の主要な責務は、内部統制、企業倫理及びコンプライアンス・プログラムの評価、不正行為の再発のリスクに対応してこれを減少させることを目的とした政府との合意の遵守状況について検証し、監督することであること、③職務を遂行するに際して監督人は不正行為の概要を理解する必要があるものの、それは、不正行為の再発リスクに対応してこれを減少させるのに必要な限度をこえるものではないこと、④政府、企業、及び監督人間の情報交換は全ての当事者の利益であり、監督人において、定期的に、政府及び企業に対して報告書を提出することが適当な場合もあること、⑤企業において監督人の助言を合理的期間内に実行しないことを決めた場合には、監督人、企業のいずれかあるいはいずれも、助言を採用しない企業の理由とともに、政府に対して報告すべきであり、これは、有罪答弁合意を遵守しているかどうかを判断する上で考慮対象となること、及び⑥政府に対して開示せず、あるいは新たな不正行為のうち監督人が直接政府に報告すべきものにつき、合意において特定すべきであり、不正行為の証拠につき政府や企業に報告するかどうかについて、監督人には裁量があることを指摘している[67]。

　ii　具体的職務

　上記の基本方針や前述の AU Optronics 事件での監督人実務を前提とすると、監督人の具体的職務の中核は、企業が監督処分上の義務を履行して是正措置を講じていることを監督・評価することであり、そのため、監督人は、対象企業の書類を閲覧し、経営陣及び従業員等に対するインタビュー等を実施して義務の履行状況を監視し、確認した事実を元に、組織や人員配置、制

度設計を含むコンプライアンスを実現するための諸施策について企業に対して助言する。社内組織や人員配置に対する助言は、事業活動への影響が少なくない。書類の閲覧や分析のために、フォレッシングサービス事業者を補助者として選任こともある。これらの作業は、召喚状を受領した後に実施する社内調査と重複するところが少なくないのが実情である。Second Monaco Memo では、米国司法省は、監督人の監督機関ではないという留保を付しつつも、連邦検察官に対して、監督人にて効果的な監督計画を策定し、定期的なコミュニケーション及びアップデートにより、監督人の活動について知悉し、監督人の活動について、費用及び焦点の当て方の両面から確認すること等を通じて、事実上、その活動を監督すべきであるとしている。

　なお、FCPA における監督人実務では、上記記載のとおり、監督人はその監督活動に基づき報告書を執筆し、これを米国司法省監督オフィス（Probation office）及び裁判所に提出することが求められるのが通例である。例えば、HSBC 事件において選任された監督人は、2015 年 1 月、1000 頁を超える報告書を裁判所に提出している[68]。AU Optronics 事件でも、監督人は、四半期ごとに報告書の提出が求められ、3 年間の任期中、合計 12 の報告書を執筆し、これらを反トラスト局及び企業の代理人に提出している。なお、AU Optronics の監督人については、3 年間の任期で任務が完了せず、15ヶ月間、任期が延長されている。

　イ　監督人の選任費用等

　監督人及びその補助者に対する報酬を支払うのは、有罪判決を受ける法人であり、その報酬額は決して少額ではない。この点は、FCPA の実務においても指摘されている[69]。なお、その報酬負担の重さ故に、監督人の選任は、

67）Department of Justice, Selection and Use of Monitors in Deferred Prosecution Agreements and Non-Prosecution Agreements with Corporations（March 7, 2008）.

68）Nate Raymond, HSBC Money Laundering Report's Release Likely Delayed：US Judge, Reuters（10 February 2016）, www.reuters.com/article/us-hsbc-moneylaundering-idUSKCN0VI28H. See United States v. HSBC Bank USA NA, No. 12 CR 763（JG）, 2016 WL 347670, at *1, *6（E.D.N.Y. 28 January 2016）, appeal filed, No. 16-353（2d Cir. 5 February 2016）.

69）Memorandum from Lanny A. Breuer, Assistant Att'y Gen., to All Criminal Div. Personnel, Selection of Monitors in Criminal Division Matters, at 2（24 June 2009）：US Gov't Accountability Off., GAO-10-260T, Prosecutors Adhered to Guidance in Selected Monitors for Deferred Prosecution and Non-Prosecution Agreements, §II（2009）.

米国司法省において罰金を減額する方向で考慮する要因になりうるという指摘もあるほどである[70]。

　例えば、Apple 事件[71] では、Michael R. Bromwich 氏が監督人に選任されたが、同人は、1 時間あたり 1150 ドルの弁護士報酬及び管理報酬を請求し、かつ、反トラスト法案件の経験がないとして、所属事務所のパートナー Fried Frank 氏について 1 時間あたり 1025 ドルの弁護士報酬を請求したとされている。Apple は第二巡回裁判所に対して 2013 年 10 月監督人の選任に異議を申し立てたが、2014 年 2 月、同裁判所は監督人の選任を支持する決定を下している。また、上記の弁護士報酬に加えて、フォレッシングサービス事業者を補助者として選任する場合には、当該サービスに対する報酬も支払う必要がある。これらの費用負担は、「実効性のある」コンプライアンス及び倫理プログラムを導入していたり、そのように判断をされれば避けることができた費用支出である。「実効性のある」コンプライアンス及び倫理プログラムが導入できなかった合理的な理由がない限り、役員の善管注意義務違反の問題を生じさせる可能性もある。

---

70) *See* Jason T. Wright, The Corporate Compliance Monitor's Role in Regulatory Settlement Agreements, SRR（Spring 2014）, available at https://www.stoutadvisory.com/insights/article/corporate-compliance-monitors-role-regulatory-settlement-agreements.
71) United States v. Apple, Inc.,12 CIV 2862（DLC）（S.D.N.Y. 2012）. なお、Apple 事件は刑事事件ではなく、e-book の価格協定に関する民事訴訟において選任されたものである。

●事項索引

●判例等索引

● 著者紹介

井上　朗（いのうえ　あきら）

ベーカー＆マッケンジー法律事務所パートナー弁護士
（日本国・米国ニューヨーク州）。博士（法学・中央大
学）。専門は、米国反トラスト法、競争法及び独占禁止
法。Antitrust Enforcement in Japan 2nd　Edition―
History, Rhetoric and Law of the Antimonopoly Act（第
一法規、2019 年）ほか論文・著書多数。

海外子会社管理の法実務
――コンプライアンス体制構築の技法

2022年11月21日　初版第1刷発行

著　　者　　井　上　　　朗

発　行　者　　石　川　雅　規

発　行　所　　㈱商 事 法 務

〒103-0027 東京都中央区日本橋 3-6-2
TEL 03-6262-6756・FAX 03-6262-6804〔営業〕
TEL 03-6262-6769〔編集〕
https://www.shojihomu.co.jp/

落丁・乱丁本はお取り替えいたします。　　印刷／広研印刷㈱
© 2022 Akira Inoue　　　　　　　　　　Printed in Japan
Shojihomu Co., Ltd.
ISBN978-4-7857-2993-6
＊定価はカバーに表示してあります。

JCOPY ＜出版者著作権管理機構　委託出版物＞
本書の無断複製は著作権法上での例外を除き禁じられています。
複製される場合は、そのつど事前に、出版者著作権管理機構
（電話 03-5244-5088、FAX 03-5244-5089、e-mail: info@jcopy.or.jp）
の許諾を得てください。